高校思想政治
教育工作创新研究

李良庆 ◎ 著

延边大学出版社

图书在版编目（CIP）数据

高校思想政治教育工作创新研究 / 李良庆著. --
延吉：延边大学出版社，2022.10
ISBN 978-7-230-04115-7

Ⅰ. ①高… Ⅱ. ①李… Ⅲ. ①高等学校－思想政治
教育－研究－中国 Ⅳ. ①G641

中国版本图书馆CIP数据核字（2022）第200687号

高校思想政治教育工作创新研究

著　　者：李良庆	
责任编辑：张艳秋	
封面设计：文　亮	
出版发行：延边大学出版社	
社　　址：吉林省延吉市公园路 977 号	邮　编：133002
网　　址：http://www.ydcbs.com	E-mail：ydcbs@ydcbs.com
电　　话：0433-2732435	传　真：0433-2732434
印　　刷：廊坊市广阳区九洲印刷厂	
开　　本：787 毫米 ×1092 毫米　1/16	
印　　张：6.75	
字　　数：200 千字	
版　　次：2022 年 10 月第 1 版	
印　　次：2022 年 10 月第 1 次印刷	
书　　号：ISBN 978-7-230-04115-7	

定　　价：68.00 元

前　言

随着时代的变化，高校大学生的思想观念、价值取向以及行为方式都发生了深刻的变化，高校思想政治教育如何适应新时代的校园环境，如何促进当今大学生的全面健康发展，是当前高校思想政治教育所面临的一个重要问题。

校园文化环境作为高校思想政治教育的一个重要内容，直接体现着一所高校的校风、教风和学风，它直接影响着大学生的思想观念、价值观念和行为观念的形成，具有内在的教育导向作用和潜移默化的感染功能，它对高校思想政治教育的过程和效果影响极大。

高校思想政治教育与校园文化共同存在于校园之中，它们之间既相互联系又彼此独立，既相互制约又相互渗透。因此，正确认识和处理好两者的内涵、目标、方式、作用以及辩证关系，有意识地将两者的工作内容相互融合、工作效果相互转化，会使思想政治教育与校园文化建设相互促进、协同发展，并对高校提高人才培养教育质量起到巨大的推动作用。

本书首先介绍了高校思想政治教育的内涵、作用与任务，高校思想政治教育面临的社会环境和机遇；然后，探索了高校思想政治教育的内容、工作方法及队伍建设方面的创新探索；最后，分析了高校思想政治教育工作与校园文化之间的联动关系，进而提出了高校思想政治教育与校园文化建设的融合途径和对策，以保证高校思想政治教育顺利、有序地进行。

在本书的写作过程中，笔者参考了许多专家学者的专著和论文，在此，向有关作者表示衷心的感谢。由于笔者的能力和水平有限，书中存在的不足之处，敬请读者批评指正。

目　录

第一章 高校思想政治教育工作概述

思想政治教育是社会主义精神文明建设的首要内容。加强高校思想政治教育工作，要在科学、准确地分析和理解高校思想政治教育内涵的基础上，发挥思想政治教育的主渠道和主阵地作用，提高思想政治教育的实效性，使思想政治意识入脑、入心，大学生自觉接受此教育，并自愿融入并践行其思想，进而在社会实践中发挥积极作用。

第一节 高校思想政治教育的内涵、作用与任务

一、高校思想政治教育的内涵

高校思想政治教育的内涵，反映出高校思想政治教育实践活动的本质属性。这一本质属性具有相对稳定性，但也随着高校思想政治教育的社会环境以及任务、目标的变化而不断变化。前者体现为高校思想政治教育内涵的继承性，后者体现为高校思想政治教育内涵的创新性。

在《现代汉语词典》中，内涵是指"一个概念所反映的事物的本质属性的总和，也就是概念的内容"。按照此定义，高校思想政治教育的内涵，应是"高校思想政治教育"这一概念所反映的事物的本质属性的总和，即"高校思想政治教育"这一概念的内容。在实践中，高校思想政治教育主要是指高校思想政治工作者利用一定的思想观念、政治观点和道德规范，对大学生施加有目的、有计划、有组织的影响，使他们形成符合中国特色社会主义所需要的思想品德的教育实践活动。

在哲学中，事物的本质属性决定着事物的性质、面貌和发展变化。高校思想政治教育的本质属性也应该满足这个特性。高校思想政治教育的本质属性包括两个方面：第一，本质属性贯穿高校思想政治教育活动的始终，影响着其他属性；第二，本质属性影响着高校思想政治教育的变化发展。基于以上分析，我们把高校思想政

治教育的本质属性归于政治性与科学性的统一。政治性表明高校思想政治教育的阶级属性。科学性是高校思想政治教育的实践属性，是高校思想政治教育得以发展的内在规定性。科学性就是指高校思想政治教育要反映客观事物的发展规律和历史发展趋势，代表生产力的发展方向，符合人民的根本利益。

因此，要想准确把握高校思想政治教育内涵的实质，就必须坚持高校思想政治教育政治性与科学性在理论和实践上的有机统一，避免将焦点集中于一个方面。如果只重视政治性而忽略科学性，将高校思想政治教育变成空洞的说教，仅仅追踪热点或焦点问题，就没有系统的科学理论作指导；如果只强调科学性而忽视政治性，将思想政治理论课程变成了普通的专业课程，就模糊了高校思想政治教育的目的性和方向性。把握高校思想政治教育的政治性，就是在把握意识形态领域的主导权；把握高校思想政治教育的科学性，就是在把握当前学术研究领域的最新成果。

二、高校思想政治教育的作用

当今时代，科技进步日新月异，国际竞争日趋激烈。各国之间的经济、政治竞争，说到底是人才的竞争，也就是争夺具备思想道德素质、科学文化素质和健康素质全面发展的人才。谁拥有高素质的人才，谁拥有高水准的人民群众，谁就能在各项竞争中占据主动地位、先发制人，实现经济效益和社会效益的双丰收。因此，加强和改进高校思想政治教育，不断造就大批具有创新能力的高素质人才，具有十分深远的现实意义和历史意义。

（1）加强和改进高校思想政治教育，有助于贯彻落实关于加强思想道德建设的号召。当代大学生思想政治教育工作的有效性，对我国公民思想道德建设的成败有直接的影响。公民的道德水平，体现着一个民族的基本素质，反映着一个社会的文明程度。加强和改进大学生思想政治教育，事关广大青年学生的健康成长，事关国家和民族的前途与命运，是一项基础工程、民心工程、希望工程和社会工程，具有重大的现实意义和深远的历史影响。

（2）加强和改进高校思想政治教育，有助于推进中国教育事业的全面发展。一个国家要想富强、民主、文明、和谐、美丽，就必须把教育事业放在优先位置，大力发展各级各类教育，深化教育改革，加快教育现代化，办好人民满意的教育。要想加强高校思想政治教育，就必须不断从实践中探索新的教育途径和方法，全面提高大学生的思想道德与法律意识，积极推进教育改革，加快实现教育现代化，促进中国教育水平的全面提升，整体达到一个质的飞跃。

（3）加强和改进高校思想政治教育，有助于促进大学生综合能力的全面发展。当今世界瞬息万变，在文化多样化的背景下，各种文化激烈碰撞，对高校大学生的价值判断、生活方式等都产生了深刻影响，这就需要加强高校大学生的思想政治教育。加强大学生思想政治教育，不仅有助于大学生明确自身所面临的机遇与挑战，成为国家、社会和人民需要的栋梁之材，而且有助于大学生树立正确的人生观、世界观和价值观，拥有健全的人格和高尚的道德，这对他们以后的全面发展将会产生至关重要的影响。因此，加强大学生的思想道德修养与法律意识，才能不断促进大学生德、智、体、美、劳综合能力的全面发展，最终将其培养成社会主义现代化建设所需要的有用之才。

（4）加强和改进高校思想政治教育，有助于实现中华民族的伟大复兴。大学生是最富有生机、最富有活力的一个庞大的社会群体，他们的思想觉悟和道德水准的高低，直接关系着国家和民族的前途命运。同时，他们的思想道德素质还具有重大的示范作用，会影响周围人的言行举止，对于全民思想道德素质的提高具有重要的推动意义。因此，要实现中华民族的伟大复兴，必须高度重视加强和改进高校思想政治教育，切实提高大学生的思想道德素质修养。

三、高校思想政治教育的任务

改革开放以来，大学生思想上的独立性、选择性、多变性与差异性都在增强。面对这些变化，一些高校在思想政治教育中往往只强调主流思想，强调灌输和威压，把学生放在了对立面，造成了学生的逆反心理和对抗情绪，与教育初衷背道而驰。随着社会群体对大学生主体地位的重视，高校思想政治教育应当转变观念，凸显思想政治教育的个体发展，倡导健康的个性教育。作为高校思想政治教育的出发点和最终归宿，教育任务主要体现在增进大学生的人际关系和谐、培育大学生的科学精神与人文精神、培养大学生的健康个性、促进大学生的全面协调发展、培养大学生的竞争意识与合作精神等方面。

（1）改进和加强大学生的人际关系和团队教育。随着社会分工的不断细化，团队协作的重要性愈发凸显。而高等教育体制中存在的一些问题，如后勤社会化、学分制的深化等，会降低大学生班级、寝室等基本团队形式的凝聚力。在这样的环境中，大学生的自我意识不断增强，团队协作意识日渐淡薄。所以，改进大学生的人际关系，加强大学生的团队教育，成为当前高校思想政治教育面临的重要任务。

团队教育强调的是团队协作与配合、团队与个体的共赢，而班级、寝室、社团、学生会等，是当前大学中存在的主要团队形式。为激励学生加入团队，为团队的发展贡献自己的力量，进而得以锻炼和成长，可适当进行物质、精神激励，如制定专门的团队评奖评优制度，设立优秀班集体、优秀寝室、优秀社团等奖项，并将其纳入学生奖励体系，以激发学生的责任感和荣誉感，增强学生的团队凝聚力和向心力，从而为学生实现与他人关系的和谐、实现团队的和谐发展奠定良好的基础。

（2）培育大学生的科学精神与人文精神。科学精神作为人类文明的崇高精神，表达的是一种敢于坚持科学思想的勇气和不断探求真理的意识，它具有丰富的内涵和多方面的特征，具体表现为求实精神、实证精神、探索精神、理性精神、创新精神、怀疑精神、独立精神和原理精神。这些精神正是当代大学生个体发展所必需的，因此，也是高校思想政治教育所要倡导和弘扬的。

人文精神是人类文化生活的内在灵魂，是整个人类文化所体现的最根本的精神，也是现代教育的重要组成部分，是素质教育的根本。人文精神就是以人为最高目的、以人为最高价值、以人为最高意义的精神，它以人的自由和全面发展为终极目的，以追求真善美等崇高的价值理想为核心。加强人文精神教育，是高校思想政治教育的重要内容，也是大学生全面发展的需要，其在大学生的人格塑造、文明行为养成等方面起着重要作用。

需要注意的是，科学精神必须与人文精神相互融合，因为科学精神本身就是一种人生信仰和理想追求，折射出人文精神的内涵与光彩。从某种意义上讲，科学精神也是一种人文精神，因为科学精神所展示的实事求是、自由、平等、宽容等理念，正是人文精神的基础所在。高校思想政治教育只有把科学精神教育和人文精神教育结合起来，才能真正培养出全面发展的人才。因此，当代高校在弘扬人文精神时，必须准确把握科技与人文的关系，追求人文与科技的共同发展，使两者共同作用于大学生的思想政治教育中，这成为当代大学生全面发展必须重视的两个重要方面。

（3）培养大学生的健康个性。教育学界普遍认为，个性是在一定的生理与心理素质基础上，在一定历史条件下，通过教育对象自身的认识与实践，形成和发展起来的个体独特的身心结构及其表现。如果大学生个性各系统发展均衡、协调，而且都达到了较高的层次水平，知、情、意统一，自我调控能力较强，内心冲突较少，就能够较好地适应社会，并表现出良好的创造性，这种个性就是一种健康的个性。

高校思想政治教育应该是一种健康个性教育，它应当着眼于发展大学生的心理品质，促使他们形成完整和健全的心理结构，即形成一种健康的个性。

高校思想政治教育强调主导思想的一元化，弘扬社会主义的思想道德和文化。这主要作用于大学生个性核心层次的主导方面，即个性倾向性中的理想、信念、价值观、人生观、世界观等方面。与此同时，高校思想政治教育不应否定人的心理的多样性，而应鼓励大学生形成具有个人特色的能力、性格类型和自我调控方式。由于每个人的生理条件不同，形成个性的基础不同；由于家庭环境、所受教育、个人经历不同，人的个性会存在多种不同的组合方式和发展水平，表现出个性的差异性。这些差异性是客观存在的，是任何人为因素都难以抹杀的。

（4）促进大学生的全面协调发展。目前，中国依然处于社会主义初级阶段，促进当代大学生全面、协调发展，正是高校思想政治教育个体发展内涵的重要体现。

当前，影响大学生全面协调发展的因素较多，包括物质、技术、精神等方面的内容。在我国生产力取得长足发展，物质文化极大繁荣，大学各项基础设施建设不断壮大和完善的条件下，大学生精神方面的制约因素明显增多，主要表现在两个方面：一是缺乏理想信念，看重物质利益和金钱享受，漠视理想和道德。二是一些迷信、愚昧、庸俗的落后文化在社会上还广泛存在，对大学生精神世界有一定的负面影响。要想防止这些因素对大学生精神世界的腐蚀，必须发挥高校思想政治教育的作用，通过不同的教育途径和教学方法，提高大学生的思想道德素质，解决大学生成长中遇到的新问题、新倾向，不断促进大学生的全面与协调发展。

（5）培养大学生的竞争意识与合作精神。积极创设和优化竞争环境，加强高校思想政治教育，可以为大学生提供思想道德和社会心理基础以及方向保证，体现了高校思想政治教育的时代性、针对性、实效性和价值性。只有提高大学生的主体性地位，加强他们对竞争环境的鉴别力、选择力和改造力，才能有效地发挥高校思想政治教育的功能，为培养大学生的竞争意识与合作精神提供正确的导向。

为了培养大学生的竞争意识与合作精神，高校应采用渗透性、强化性和优化性的教育方式。所谓渗透性，就是把思想政治教育所倡导的社会主义意识形态、正确的价值观和发展观潜移默化地渗透到竞争环境中去，由显性教育转为隐性教育，寓教于环境，起到"润物细无声"的作用。所谓强化性，就是在制订竞争原则和规范时，制订竞争的基本道德要求，明确公平正义的原则，强调遵纪、守法、诚信、重德的规范，从而使思想政治教育在竞争环境中起引领作用。所谓优化性，就是对竞争环境中的不健康、不道德的行为和风气加以克服与净化，将优秀的精神文化、良好的道德风尚融合到竞争环境中。通过这种教育方式，来切实提高大学生的竞争意识与合作精神。

第二节　高校思想政治教育面临的社会环境

自改革开放以来，在党中央的高度重视和各地区各部门的切实努力下，大学生思想政治教育工作取得了积极进展，为培养高素质人才、推动高等教育事业的发展、维护学校和社会稳定等方面发挥了重要作用。

一、党中央高度重视大学生思想政治教育工作

（一）党中央一贯重视大学生思想政治教育

大学生是十分宝贵的人才资源，是民族的希望，是祖国的未来。加强和改进大学生思想政治教育，提高他们的思想政治素质，具有重大而深远的战略意义。

《关于进一步加强和改进大学生思想政治教育的意见》发表之后，各地各部门更加重视加强和改进大学生思想政治教育。全国各高等院校纷纷以丰富多彩、形式多样的主题教育活动对大学生进行思想政治教育，立志培养德、智、体、美、劳全面发展的社会主义合格建设者和可靠接班人。

（二）社会各界关心和支持大学生健康成长

1. 党和政府高度关心与支持大学生的健康成长

多年来，党和政府出台了一系列惠及大学生的政策，确保每个大学生不会因资金困难而失学，"绿色通道"便是政策之一。同时，助学贷款的额度和偿还期限适当延长，基本上保障了大学生的健康成长。此外，国家励志奖学金、企业奖学金、优秀大学生特困补助等，都为大学生提供了帮助。

2. 家庭也在大学生健康成长中发挥了重要作用

家庭是首要的初级群体，是社会构成的细胞，是个体早期社会化的第一个社会环境和继续社会化的重要环境。家庭对个体的影响，特别是对个体早期的影响是具有决定作用的。在现代社会，家庭仍然具有社会化等功能，对大学生个体的健康成长发挥着重要作用。

3. 各级群众组织关心和支持大学生健康成长

工会、共青团、妇联是党领导的工人阶级、先进青年、广大妇女的群众组织，是党联系群众的桥梁和纽带，是推动大学生健康成长的重要力量。

4. 主流大众传媒在大学生健康成长中发挥了重要作用

主流大众传媒通过社会舆论、社会活动、社会影响等途径，对大学生开展教育活动。它代表社会大多数人的意见和看法，对大学生的健康成长起到了导向作用。

二、高校加强和改进大学生思想政治教育取得显著成效

（一）提高对大学生思想政治教育重要性的认识

在高等教育中，大学生思想政治教育的地位和作用是一个根本性的问题。我们党历来高度重视大学生思想政治教育，十分关心青年大学生的健康成长。长期以来，为推进大学生思想政治教育，制定了一系列重要的方针和政策，采取了一系列行之有效的措施，并进行了不懈努力。1949 年以后，我国社会主义事业之所以能够不断发展进步、充满生机和活力，极其重要的一条，就是我们党成功地培养与造就了亿万社会主义事业的建设者和接班人。

大学生思想政治教育是社会主义高等教育的显著标志。大学生思想政治教育直接反映经济和政治对培养人才的要求，是我国高等教育社会主义性质的鲜明体现。社会主义高等教育的性质和目的是由社会主义制度的性质所决定的，它规定了社会主义大学的政治方向和培养目标。我国的大学是社会主义性质的培养各种专门人才的机构，我国的高等学校必须坚持党的领导，坚持社会主义方向，坚持以马克思主义世界观和共产主义道德教育引导学生。

大学生思想政治教育是社会主义精神建设的重要方面。高等学校是建设社会主义精神文明的重要基地。精神文明建设在高校的任务是提高学生的思想道德素质和科学文化素质，把学生培养成为有理想、有道德、有文化、有纪律的专门人才。大学生思想政治教育是高等教育的重要组成部分，在社会主义精神文明建设中占有十分重要的地位。第一，它直接担负着在大学生中完成思想建设要求的任务；第二，大学生思想政治教育的成果会给整个社会精神文明建设带来积极的影响；第三，大学生思想政治教育的成果对于社会主义精神文明建设具有长期作用。

大学生思想政治教育工作是高校其他一切工作的生命线。思想政治教育工作为高校其他一切工作提供强有力的思想保证和强大的精神动力。第一，确保马克思列

宁主义的指导地位，指引高校其他一切工作的社会主义方向。第二，保证党的路线、方针和政策的贯彻与实施。第三，间接地参与学校的教书育人等实际工作，促进学校各项工作的全面发展。第四，振奋人的精神，提高生产和工作的积极性、主动性和创造性。第五，培育社会主义新人，促进人的全面发展。

（二）健全大学生思想政治教育的体制

大学生思想政治教育体制包括三个：领导体制、管理体制和工作体制，这是高校思想政治工作中各种关系的制度化形式。

第一，加强党对大学生思想政治教育的领导。目前，各级党组织从以下几个方面着手：一是加强对大学生思想政治教育的领导，即强化责任意识；二是建立健全党内思想政治工作领导制度；三是选好党委领导班子。

第二，建成一支强有力的思想政治工作队伍。思想政治工作队伍是个多元网络，包括政治辅导员、班主任、教师和行政工作人员等。加强政治辅导员在大学生思想政治工作中的组织者和教育者的地位和作用；强化班主任在指导学生的学习，协调教学工作，搞好思想政治教育，关心学生生活等方面的职责；强调任课教师在大学生思想政治教育中的引导作用；重视学校行政人员在高校的管理育人工作。

第三，建立健全大学生思想政治教育管理机构。完善以高校各级党委职能部门为主的大学生思想政治教育管理机构；发展心理咨询中心、就业指导中心、社会工作与社团指导中心等学生工作机构。

此外，各高校还应广泛开展形式多样的思想政治教育活动，比如，通过马列主义理论课、形势政策课与共产主义思想品德课对大学生进行思想政治教育，充分发挥课堂教学在大学生思想政治教育中的主导作用。高校还可以通过加强社会实践，对大学生进行思想政治教育，发挥第二课堂的教育功能；各高校还可以大力加强校园文化建设，在加强德育与智育的基础上，加强大学生体育、美育与劳动技术教育，全面培养大学生素质。

（三）广泛开展形式多样的思想政治教育活动

通过马列主义理论课、形势政策课与共产主义思想品德课对大学生进行思想政治教育，充分发挥课堂教学在大学生思想政治教育中的主导作用。马列主义理论课、形势政策课与共产主义思想品德课以及日常思想政治工作，是学校通过教师和政工干部向大学生进行思想政治教育的主要渠道，是在一定的教学时间里，用课程形式对学生集中进行的教育活动。

加强社会实践、发挥第二课堂的教育功能。近年来，高校社会实践活动不断发展，呈现了生机勃勃的喜人局面，不仅规模较大、领导重视，而且形式也灵活多样。其中，具有典型意义的形式主要有军训、公益劳动、专业实习、暑期社会实践、课外科技活动、勤工俭学活动、挂职锻炼、社会服务等。

加强校园文化建设。一是大力培养优良的校风、学风。二是建立、健全优良的制度体系。三是建设和维护优美和谐的校园文化环境。四是组织和推动丰富多彩的校园科技文化体育活动。

在加强德育与智育的基础上，加强大学生体育、美育与劳动技术教育，开展丰富多彩的课外活动。只有德、智、体、美、劳全面发展，才能培育全面发展的人，尤其是体育、美育和劳动技术教育对于大学生全面素质的培养，有独特的、必不可少的作用。通过课堂教育，如篮球课、音乐欣赏课、手工制作课来促使大学生体、美、劳的发展。同时，也可开展形式多样的课外文体活动，如组织各种学生社团与协会，举办大学生科技文化艺术节，以及日常的文化、体育活动等。

高校心理咨询工作的开展。高校心理咨询工作的开展，对大学生处理好学业、成才、择友、健康、生活等方面的问题，促进大学生德、智、体、美、劳全面发展起到了积极的作用。同时，大学生心理咨询工作的开展，是社会的需要、时代的要求，更是高等教育发展的需要。

第三节　高校思想政治教育面临的机遇

人存在于一定的社会关系中，日益丰富的社会关系为人的发展创造了新的机遇，也带来了一系列挑战。大学生思想政治教育活动，必须联系国内外环境，根据所处环境出现的新情况、新问题，有针对性地开展。

大学生思想政治教育面临的机遇

当前，由于社会经济成分、组织形式、就业方式、利益关系、分配方式日益多样化，人们思想活动的独立性、选择性、多变性、差异性明显增强。在市场经济条件下，创业要自筹资金，经营要自负盈亏，就业要自我选择，事业要自我发展，生活要自我设计，人生价值要自我实现等，这些都潜移默化地削弱了人们在计划经济体制下形成的"统一"和"服从"的观念。教育对象思想观念、行为方式的复杂化，加大了大学生思想政治教育的难度。

（一）知识经济时代的到来

人们对知识的认识和定义随着历史的发展而有所不同。在今天，所谓知识，就是那些使创新和提高生产率成为可能的信息、经验和技术。知识经济时代运用科学技术发展的最新成果提高了整个社会的生产力水平，突出了知识和信息的重要地位，凸显了拥有知识和信息的人在整个社会发展中的重要作用。

知识经济重视人才的思想政治素质。知识和信息在社会中的作用越突出，教育的地位就越能得到社会的肯定。这里的教育既包括智力教育，也包括非智力教育；既包括科学文化知识的学习，也包括世界观、人生观、价值观、政治观、道德观等的培养。智力教育可以提高人的科学文化水平，提高人运用现代科学技术的能力；非智力教育可以提升人的思想道德境界，培养人服务社会、奉献社会的生活理念。思想政治教育是非智力教育的一个非常重要的组成部分。思想政治教育的目的在于引导教育对象确立正确的政治方向，形成高尚的道德信念，将个人的聪明才智服务于人类的发展。一个人具备了运用现代科学技术的能力，若不能坚持正确的价值指引，就可能利用个人的能力做危害社会的工作。这种能力越强，对社会的危害越大。随着知识经济时代的到来，生产力的发展越是仰赖于知识和信息，社会越要突出思想政治教育的重要性。

知识经济突出人才的创新思维。知识经济是一种创新经济，突出创新在科技进步中的作用。创新是一种在创造先进、淘汰落后思想指导下的创造活动，是不断提高科学技术发展水平的动力。大学生必须具有不断发明创造革新的创新意识，只有这样才能推动科学技术的日新月异，才能实现知识在整个生产力发展中的发动机作用。

高校作为培养具有较高知识水平人才的基地，知识经济时代对人才思想政治素质的重视，为大学生思想政治教育提供了广阔的发展空间。知识经济对人才创新思维的需求，为大学生思想政治教育增添了新的内容。

（二）新传播媒介的迅猛发展

"科学技术是第一生产力。"科学技术推动了生产力的发展，也极大地提高了人们的物质文化生活水平，给人类的教育、文化、生产、生活带来了巨大的变化。科学技术发展的一个表现就是新传播媒介的广泛使用。新传播媒介是作为电视的继续发展而出现的。最重要的新传播媒介是有线电视、卫星电视、荧屏文本、视频文本以及其他文字传播系统。

网络媒体以互联网为平台，实现了人与人的交流互动。运用网络媒体的人的角色与使用传统媒体的人的角色发生了颠覆式的变化，他们不再是单纯的信息被动接收者，而变成了查询者、浏览者、交流者。人们可以通过网络搜索引擎搜寻自己需要的信息，可以向他人咨询自己想知道的问题，可以即时浏览国内外发生的各种新闻信息，可以将自己对某事的观点和看法进行反馈，也可以和其他人聊天、对话。

手机媒体也是值得关注的新传播媒介。与计算机网络相比，手机具有体积小、便于携带等特点。技术的不断进步使手机的功能不断升级，人们可以通过手机聊天、购物等。

大学生是青年人，喜好接受新事物。在新的传播媒介不断出现的情况下，大学生对新传播媒介的兴趣高，接受速度快，运用广。高校思想政治教育者必须充分认识到新传播媒介带来的机遇，贴近学生生活，以形式多样的教育方式开展工作。

第二章　高校思想政治教育的内容创新

思想政治教育的主要内容是社会主义主流意识形态教育，主要包括理想信念教育、爱国教育、思想道德建设和人的全面发展。高校思想政治教育的内容创新，是根据社会和时代发展的需要，根据思想政治教育发展的阶段性特点，对内容体系的某些方面、某些环节，提出更新更高的要求。

第一节　高校思想政治教育内容创新的目标

任何一个国家的高等教育，特别是思想政治教育，都会对这个国家的未来产生直接的、重要的、深远的影响，决定着未来高级专门人才的思想、政治和品德素质。

一、高校思想政治教育内容创新的目标概述

高校思想政治教育内容创新的目标是一个多元的综合体系。中国高校思想政治教育的内容创新，不仅是为了更好地继承和坚持马克思主义的理论方法与政治立场，更好地坚持和发展中国特色社会主义理论体系，更好地以理想信念教育为核心，培育大学生正确的世界观、人生观和价值观，更好地弘扬和培育民族精神与时代精神，更重要的是为了更好地提高大学生的道德素质和促进大学生的全面发展。

1. 更好地继承和坚持马克思主义的理论方法和政治立场

中国近现代史已经证明，马克思主义的指导地位和中国共产党的领导地位的确立都具有历史的必然性。马克思主义指导思想决定了高校思想政治教育的性质与发展方向，继承和坚持马克思主义的理论方法和政治立场，是高校思想政治教育的核心要求，也是维护社会主义文化建设的性质与方向的必然要求。

2. 更好地坚持和发展中国特色社会主义理论体系

当前，中国特色社会主义理论在实践中不断丰富和发展，既继承和发展了中华民族的优秀传统文化，也批判地吸收和借鉴了世界各国优秀文明成果；既体现了思

想道德建设上的先进性要求，又体现了广泛性要求；既坚持了社会主义先进文化的前进方向，又符合不同层次群众的思想状况；既具有广泛的适用性和包容性，也是联结各民族各阶层的精神纽带。

当代大学生的思想意识和心理活动，既有明显的差异性和特殊性，又有强烈的独立性和选择性。所以，高校思想政治教育内容需要在继承和坚持马列主义经典理论的同时，创新发展中国特色社会主义理论体系，并使中国特色社会主义理论体系进课堂、进教材、进学生头脑。高校思想政治教育内容的创新，可以让高校思想政治教育更加贴近大学生实际，更易于为大学生所接受，也能够更好地坚持和发展中国特色社会主义理论体系。

3. 更好地以理想信念教育为核心，培育大学生正确的世界观、人生观和价值观

理想信念是人们的政治信仰在奋斗过程中的具体体现，坚定正确的理想信念是思想政治教育的核心内容。共产主义的理想和信念，是人类历史上一种崭新的理想与信念，它为人类提供了其他任何信仰均无法比拟的科学的世界观、价值观和人生观。在改革开放的实践过程中，我们要教育大学生正确认识当前出现的各类复杂的社会现象。用长远的眼光看，改革开放对中国社会所带来的影响是积极、进步的，意义是伟大而深远的。

4. 更好地弘扬、培育民族精神和时代精神

爱祖国是社会主义道德对每个公民最基本的要求，也是每个公民对国家和社会应尽的责任和义务，应具备的品格和素养。爱国主义作为社会主义道德的基本规范，是植根于社会主义社会人们的经济关系之中的，它反映了社会主义初级阶段人们的基本道德关系和道德要求。在现阶段，人们的道德关系是多层次的，但最基本的道德关系就是正确处理好个人与祖国、与人民、与社会主义制度的关系。爱国主义是我们思想道德建设的一条"底线"，是社会主义的基本道德观。培育和弘扬中华民族的民族精神，能够在最大限度内凝聚和动员当代大学生的力量，为建设中国特色社会主义提供精神动力和智力支持。

时代精神是每一个时代特有的普遍精神实质，是一种超脱个人的共同的集体意识。时代精神集中表现在社会主体意识形态之中，但是在社会发展过程中，并不是所有的意识形态中的各种现象都能够表现着时代精神，只有某些体现时代发展潮流的意识形态，才能够标志着这个时代的精神文明，能够对社会生产发展产生积极影响，符合时代精神的具体体现。时代精神是一个时代的人们在文明创建过程中所体现出来的优良品格和精神风貌，是激励一个国家和民族奋发图强、振兴祖国的强大

精神动力，更是构建精神文明建设的重要内容。所以，当前的高校思想政治教育内容创新，必须更好地弘扬和培育民族精神与时代精神。

5. 更好地提高大学生的道德素质和促进大学生的全面发展

大学生是祖国未来的建设者，提高大学生道德素质，促进大学生全面发展，是提高民族素质的基础。大学阶段是道德素质教育的重要时期，重视倡导爱国守法、团结友善、明礼诚信、敬业奉献、勤俭自强等全社会倡导的基本道德规范教育尤为重要。针对高校大学生加大道德教育，结合社会实际，将与社会体制相适应的公民道德素质教育融入高校思想政治教育中，能够为大学生打下坚实的基础。只有在大学阶段坚持不懈地进行细致教育，将道德教育逐步渗透到教育的各个环节，才能切实地提升大学生的道德素质，才能为社会输出具有坚实道德素质基础的公民。

同时，人的素质是全面而综合的，素质的范畴包括身体、心理、思想道德素质和科学文化素质，人的自由发展意味着人的主体性增强、独特性增强。自古以来，教育就是推动人类社会发展和人类个体发展的不竭动力，是实现人的全面发展的根本途径。教育的本质是通过文化促进人的发展的实践活动，也是人类社会所特有的培养和提高人的素质和能力的实践活动。教育不是仅仅使人掌握一种知识，而是要使所掌握的知识成为培养能力的手段，从而提高一个人的整体素质。正是通过教育活动，才能保证每一代人都能汲取历代人以及同代人所积累的各种知识、经验和技能，并在此基础上激发人的创造性思维。

高校思想政治教育的最终目标就是促进大学生的全面发展，培养大学生成为中国特色社会主义事业的合格建设者和可靠接班人。要实现当代大学生的全面发展，高校必须进行行之有效的思想政治教育，而且在思想政治教育的内容创新过程中，要坚持以促进当代大学生的全面发展为目标，努力发掘并且有效提高思想政治教育的实效性，以增强思想政治教育内容的吸引力和感染力。

二、高校思想政治教育内容创新的理论依据

历史唯物主义的基本原理和马克思主义中国化理论体系的重要原理，是高校思想政治教育内容创新的主要理论依据。其中，马克思主义关于社会存在与社会意识的辩证关系原理，以及上层建筑与经济基础的辩证关系原理是最基本的理论依据；而马克思主义的人学理论，以及社会主义精神文明建设的原理则是直接的理论依据。

1. 社会存在与社会意识的辩证关系原理要求高校思想政治教育内容不断创新

社会存在与社会意识的关系问题是社会历史观的基本问题。社会存在是指社会生活的物质方面，即社会物质生活条件，主要是指物质资料的生产方式。社会意识是社会的精神生活现象的总称，包括各种社会意识形态和社会心理，其中政治思想和法律思想在社会意识诸形式中居于核心地位。历史唯物主义认为，社会存在是社会生活中第一性的东西，是社会意识的根源，而社会意识则是社会存在的反映和派生物。

同时，历史唯物主义在肯定社会存在决定社会意识的前提下，又承认社会意识对社会存在具有能动的反作用。社会意识既被经济基础所决定，又为特定的经济基础服务。但社会意识具有相对独立性，与经济基础的发展变化并非亦步亦趋、完全同步。同时，社会意识对社会存在起反作用时，可能会促进社会的进步，也可能会阻碍社会的发展。顺应历史发展趋势的社会意识，一旦被人民群众掌握，就能够成为人们改造现实世界的巨大物质力量，具有推动社会发展的巨大动力，反之亦然。发挥社会意识的能动性，必须通过具有目的和意识的人的社会实践活动，才能够得以实现。因此，在高校思想政治教育内容发展和创新过程中，要始终坚持不懈地用马克思主义理论和中国特色社会主义理论教育大学生，使他们树立共产主义的远大理想，坚定他们走中国特色社会主义道路的信念。

2. 上层建筑与经济基础关系原理要求高校思想政治教育内容不断创新

马克思主义认为，生产力与生产关系、经济基础和上层建筑之间的矛盾构成了社会的基本矛盾，它们之间的相互作用以及动态结合，构成了社会发展的基本动力和一般规律。生产关系和上层建筑都要随着生产力的发展而发展，经济基础决定上层建筑的产生、性质、变化和发展，上层建筑反映并服务于经济基础。同时，上层建筑对经济基础又具有强大的反作用，其会为自己的经济基础的形成和巩固服务。上层建筑能够通过多种多样的形式反作用于经济基础，而思想政治教育就是其中极为重要的形式。如前所述，通过高等院校的教育教学实践，对大学生进行有规划、有组织的教学活动，其中所蕴含的思想政治、道德法律和心理健康等，构成了中国特色的高校思想政治教育的实质性内容。

实践证明，中国共产党的思想政治教育工作不仅保障了经济发展工作，以及其他一切工作沿着社会主义建设道路的发展方向前进，而且提高了社会主义建设者的思想政治觉悟，使他们焕发出蓬勃的劳动生产积极性。同时，党的思想政治教育内容在高等教育中的推行，也为社会主义现代化建设事业培养了大批合格的社会主义事业建设的接班人。高校思想政治教育内容是高校思想政治教育的基础，要发挥高校思想政治教育的重要作用，必须重视高校思想政治教育的内容要与时俱进地创新，使教育内容始终符合历史进步的趋势，符合中国社会经济的发展要求。

3. 社会主义精神文明建设的原理要求高校思想政治教育内容不断创新

马克思主义是关于自然界、人类社会和思维发展的普遍真理，它贯穿于社会主义精神文明的各个领域和各个方面，并极广泛地体现在社会主义精神文明的产品之中。因此，马克思主义的创立，标志着社会主义精神文明理论的形成。改革开放以来，我国将精神文明与物质文明共同作为社会现代化建设的目标，逐步提出并且不断完善了社会主义精神文明建设的理论体系以及一系列理论内容。

社会主义物质文明与社会主义精神文明之间具有紧密联系，社会主义精神文明建设需要以社会主义物质文明建设作为基础。同样，社会主义物质文明建设也需要社会主义精神文明为其提供精神动力和智力支持。思想道德建设和教育科学文化建设都属于社会主义精神文明建设的理论范畴，思想道德建设决定着精神文明建设的社会主义性质和发展方向，教育科学文化建设则是提高人民群众道德水平和思想觉悟的重要保障。思想道德建设与教育科学文化建设相互影响和渗透，其关系处理得当就可以互相促进、共同发展。社会主义精神文明建设的这些理论内容，不仅创造性地发展了马克思主义经典理论，而且成为马克思主义中国化理论体系的有机组成部分。

4. 马克思主义的人学理论指出了高校思想政治教育内容创新发展的方向

马克思主义人学理论是马克思主义哲学的核心内容和实质部分，是思想政治教育的重要理论基础和直接理论依据。马克思主义人学理论包括人的存在论、人的本质论、人的发展论等基本内容。对这些问题的科学认识，有助于我们更好地把握思想政治教育学的理论基础。对大学生思想特点的认识是我们思考问题的前提，要想把高校思想政治教育内容传输到学生的脑海里、心坎上，就必须从当代大学生的实际情况出发。马克思主义的人学理论以人为研究对象，揭示了人的生存与发展规律。高校思想政治教育内容的发展和创新的目的是促进大学生的全面发展，培养社会主义建设的"四有"新人，因此，两者在本质上是一致的。

马克思主义的人学理论指出了高校思想政治教育内容创新发展的方向，运用马克思主义人学理论，可以指导和引导高校思想政治教育内容创新与发展。在高校思想政治教育内容发展和创新中，运用人的本质理论，从当代大学生的社会属性出发，准确判断大学生的思想观念。在大学生现实的社会关系基础上，设置思想政治教育内容，结合各种社会关系的处理，引导大学生把个人价值和社会价值结合起来，在为社会作贡献中来实现个人价值。

三、高校思想政治教育内容创新的实践依据

高校思想政治教育就其内容的存在形式来说，既是理论文本式的，也是实践经验的及时总结和概括，这就决定了高校思想政治教育内容创新富有实践性，必须坚持从实践中来，经受实践的检验，并伴随实践的发展而不断调整，通过创新来满足实践的需要。离开了丰富的社会实践，理论创新就失去了应有的现实意义。

1. 高校思想政治教育内容创新是适应新时代发展的需要

当今时代，多媒体网络高度发达，信息传播快速发展，特别是改革开放后，高校及大学生出现了一系列新变化，高校思想政治教育内容必须适应新形势，对思想政治教育的内容进行大胆探索和创新。针对出现的新问题、新情况，高校必须注重利用现代高科技手段，注重吸取教育学、社会学、心理学、行为学等相关学科的最新研究成果，注重发挥校园文化、家庭因素、社会环境在思想政治教育中的重要作用，增强思想政治教育的吸引力，达到思想政治教育的效果和目标。

在新媒体条件下，高校思想政治教育呈现如下特征：一是教育主客体（师生）关系的交互主体性特征，即教育主客体的互动模式由主客二分向主体际性转向，教育主客体的互动方式由人与人的直接互动向人与机的间接互动转向，教育主客体的互动时空向度由实时同步向实时同步与延时异步相融合转向。二是教育内容传播的技术性特征，即教育内容的传播时效由单向滞后性向多向即时性转向，教育内容的传播形式由单一媒体形态向多媒体形态转向，教育内容传播范围由相对封闭的小众向整体开放的大众转向。三是教育方法的连续统特征，即教育方法的存在原理是现实性与虚拟性的连续统，教育方法的运用理路是网上教育与网下教育的连续统，教育方法的作用机理是显性灌输与隐性渗透的连续统。因而，教育环境也呈现出耗散结构特征，即教育环境是开放的联系、非平衡的联系、非线性的联系。

面对新媒体带来的全新理念以及大学生不断多样化的价值取向，高校思想政治教育作为社会运行大系统的重要组成部分，一方面要将自身汇入以改革创新为核心的时代潮流中；另一方面必须以整体性的系统的创新实践，真正反映出时代精神的要求。高校思想政治教育只有从整体上综合体现改革创新的时代精神，才能真正提高其针对性和实效性。为此，要将高校思想政治教育看作是一个有机的整体，实现

各个环节的有机结合、相互影响、相互促进、共生实效的创新体系。这个创新体系包括高校思想政治教育课程和教材创新，高校思想政治教育师资队伍创新，高校思想政治教育教学方法创新等。高校思想政治教育内容必须更新，使之更接近现实，更易被学生接纳，更富有实效性。

2. 高校思想政治教育内容创新是实现教育科学化的需要

高校思想政治教育内容在马克思主义指导下，以中国特色社会主义理论体系为核心内容，是具有稳定性和连续性的。但改革开放以来，中国社会各方面均发生着日新月异、翻天覆地的变化。现实社会实践的变化，最终决定高校思想政治教育的内容，必须要随之而发展与创新，以适应现实社会存在的发展变化，实现高校思想政治教育内容的科学化。高校思想政治教育的科学化就是在马克思主义科学理论指导下，运用科学的理念、原则和方法，实行科学的管理，不断增强思想政治教育理论研究和实际工作的科学性，从而达到正确而系统地认识和把握其本质与规律的过程。这个过程也就是不断把思想政治教育的实践经验进行理论升华，不断提高其科学含量，实现从经验型向科学型转化的过程。

高校思想政治教育科学化是思想政治教育合目的性和合规律性的统一。所谓思想政治教育的合目的性，集中体现为教育主体对思想政治教育功能作用的追求。人们从事任何思想政治教育活动，都是希望达到一定目的，离开一定的目的，它就变得毫无意义。所谓思想政治教育的合规律性，是指思想政治教育研究中所形成的范畴、理论观点，不能是对表面现象的感性概括，而是经过严格提炼的、能准确反映思想政治教育本质和规律的理论概括，并且这种理论概括是运用本学科独特的专业术语来表达的，达到了精确化、规范化、系统化的水平。这既是思想政治教育科学化的内在要求，也是人文社会科学建设发展的必然规律。

当前，推进高校思想政治教育科学化，要坚持以马克思主义科学理论为指导，牢牢把握思想政治教育理论与实践发展的正确方向；要大力加强思想政治教育学科建设，努力推进思想政治教育学科化发展进程，切实提升思想政治教育学科化水平；同时，还要加强思想政治教育实践创新，努力使思想政治教育体现时代性、把握规律性、富有创新性，从而实现与当代社会共同发展。

第二节　高校思想政治教育内容创新的任务

从教育功能角度讲，高校思想政治教育内容创新的基本价值取向是为持续的创新教育奠定基础：一是打好创新精神的基础，二是为培养创新能力奠定基础。创新活动是创新思维的发展与归宿，是个体在实践层面，以新颖、独特、灵活的方式解决问题，因为经不起实践检验的思维是无价值的。

一、高校思想政治教育内容创新的主要任务

高校思想政治教育的主要对象是大学生，而大学生思想政治教育涉及的范围广泛，教育的内容丰富，教育的方式多样，需要研究的领域和问题较多。这就决定了高校思想政治教育内容创新任务具有复杂性和系统性，需要根据不同的特点确立相应的任务。高校思想政治教育内容创新的主要任务：一是根据大学生思想品德形成的规律和社会发展的要求，确定高校思想政治教育创新的内容；二是根据高等教育整体规划，安排高校思想政治教育创新的内容；三是根据高校思想政治教育总体目标，设置高校思想政治教育创新的内容；四是根据中学思想政治教育内容的深化和延伸，组织高校思想政治教育的新内容。

1. 加强高校思想政治教育的学科研究

高校思想政治教育学科是思想政治教育研究成果的理论概括和总结，是思想政治教育理论的体系化。因此，高校思想政治教育的学科创新发展，直接反映着思想政治教育学科研究的动态和水平。但思想政治教育学科研究，应着重于当前重大理论与现实问题，特别是大学生在成长过程中所遇到的实际难题的研究，这既是实现思想政治教育学科价值的需要，也是深化与完善学科体系的根本途径。

在开放、多样、复杂、多变的社会背景下，在市场体制所形成的竞争压力与科技发展所形成的信息压力下，许多大学生由于缺乏社会生活经验，世界观、人生观、价值观尚未完全形成与稳定。因而，容易产生迷惘与困惑，即迷途不知所向，疑惑不知所解，茫然不知所选。也就是在面对开放、多样、复杂、多变的社会因素时，发生了适应、取向、选择上的困难。迷惘与困惑是大学生思想领域的矛盾，而不是物质领域、知识领域的问题，其实质是精神需要、价值诉求与目标追求。

2. 突出高校思想政治教育的重点问题

高校思想政治教育的重点问题，是在大学生思想政治教育的实践中显现出来的，需要在思想政治教育教学中着力加强的问题。对这些重点问题的理解与把握，对于培养大学生具有高尚的思想品德、良好的心理素质、崇高的理想信念等具有重要的意义。

第一，社会层面的主导性和多样性的并存与矛盾状态。高校思想政治教育存在着社会层面的主导性和多样性的矛盾，影响着大学生的成长与发展，也影响着思想政治教育的过程与效果。"所谓社会层面的主导性与多样性，主要是指多元文化交汇背景下的中华民族文化主导，多种意识形态并存条件下的社会主义意识形态主导，多样化价值取向过程中的社会主义核心价值体系主导，多样化知识、信息影响下的人本主导。"主导性和多样性的矛盾，在现实的高校思想政治教育过程中，已经不同程度、不同形式地存在，并正在影响大学生的成长与发展，也在影响思想政治教育的过程与效果。应当看到，以上四大客观因素，作为社会的基础与客观条件，由于其发展快、变化大，而且相互交织形成综合效应，极大地赋予了社会与个体的多样化发展机制。诸如市场体制的竞争机制、信息社会的选择机制、民主发展进程中的参与机制等，都极大地调动了大学生的积极性、主动性与创造性，从而为他们的个性化与多样化发展提供了极其有利的条件。

同时，也应当看到，社会的客观因素与竞争机制、选择机制的形成，虽然为社会的多样化发展提供了条件、奠定了基础，但这些客观因素与机制本身的发挥作用和发展完善，则需要一定条件的制约。这个条件就是上层建筑的职能，其中包括思想上层建筑职能，即通过思想（价值取向）、政治（包括政治目标、原则与法制）、道德（规范）的作用，保证主体的多样化都能遵循一致的方向、规范发展，以维护社会的安定与秩序，推动社会与个体全面、协调和可持续发展。主体的多样化发展如果脱离了思想、政治、道德的方向主导与规范，其相互之间必然产生矛盾、发生冲突，甚至导致社会混乱，那么主体的多样化发展也丧失了条件。相反，思想、政治、道德的主导离开了主体多样化发展，就会成为教条或者流于形式，甚至成为主体发展的障碍。

在当代中国，高校思想政治教育在本质上就是运用中国特色社会主义的思想、政治、道德理论对大学生进行规范和引导。而目前的引导是在多种客观因素、多样化理论影响和多种机制作用下进行的，是对多样化的导向与规范。

在新的历史条件下，所谓主导性思想政治教育形态，就是社会民主化和个体特色化发展中的核心价值主导。在对象上，主导性思想政治教育就是对社会多样化以及多样性思想政治教育的概括与超越，没有对多样性的抽象就没有主导性；在功能上，主导性思想政治教育就是形成共同理想，没有对多样性取向的规范就不可能有共同目标；在性质上，主导性思想政治教育就是维护社会主义意识形态的安全，没有对多样化文化的合理选择、吸纳、鉴别和批判，就不能发挥社会主义意识形态的主导作用。

第二，个体层面的个性化与社会化的并存和矛盾状态。个性化是指个人获得个性、形成个性的过程，是人逐步形成作为自己独特品质的心理和行为的过程。现实的个人是拥有个性，即主体性和独特性的个人，是个性化的存在。这种个性是在个性化的过程中逐渐获得的，失去了这种个性，人的存在就失去了现实性。所谓个体层面的个性化与社会化，是指大学生在市场体制条件下，拥有自主权和民主发展条件下拥有自由性，能够独立、自主和创造性地发展自己的主体性与个性特点；与此同时，还必须要融入社会的政治、经济、文化与道德生活，接受社会政治、法制与道德规范的约束。

应当看到，社会的客观条件，既赋予了个体个性化发展机制，同时也提出了社会化发展的新要求。市场体制、社会民主、信息条件赋予学生自主权与自由性，但有些学生往往只局限于自身范围，珍惜自身的自主权与自由性，难以兼顾全局而忽视制约自主权和自由性的政治、法制与道德规范。也就是说，拥有自主权、自由性的学生往往难以自发社会化，需要学校通过教育和管理推进学生个体社会化。社会化的实质是促进学生认可、接受、融入社会的发展目标与规范，而思想政治教育在本质上就是运用思想、政治、道德的目标、规范来推进学生的社会化。一些大学生在学习、生活、交往、择业等实际活动中，主体性显示比较充分，而对思想、政治和道德的价值性认识不充分，即对社会化的发展取向有所忽视，因而，在思想、政治和道德观念的形成与掌握上欠缺主体性。

高校思想政治教育的根本目的是提高人的思想道德素质，促进人的全面发展。其中，个性发展是核心。因此，高校思想政治教育要重视对大学生个性的引导和完善，实现个性的优化与发展，不断开发教育对象积极的主体性。

3. 抓好高校思想政治教育的德育工作

高校思想政治教育的根本任务，在于帮助大学生完成其对人生意义的求索和生存质量的提升，构建与大学生生活紧密结合的、生活化的德育格局，是高校思想政治教育的真谛。人的生活和动物的生存的不同在于，人不仅需要生活在一个物理世界中，还需要生活在一个意义世界里。人通过自主的活动来构建自我，不断完善自我的内心生活，完善与外界的联系，完成作为"人"的意义。因而意义世界的建构对维持个体与社会的生命存在具有至关重要的价值。

二、高校思想政治教育内容创新的基本要求

高校思想政治教育内容具有针对性、稳定性、灵活性、层次性和连续性的特点。高校思想政治教育的内容创新，必须针对大学生在现实生活中遇到的热点和难点问题，从解决学生的实际问题着手。

1. 世界观教育

世界观是人们对世界的总体看法和根本观点。世界观一旦形成，就会对人的实践活动产生巨大影响。它决定着人们观察问题、分析问题、处理问题、立身处世的基本态度，也决定着人们的人生观、政治观、道德观、法制观等。马克思主义世界观是科学的世界观，它揭示了自然界、人类社会和人类思维发展的普遍规律，在实践的基础上达到了革命性与科学性的高度统一，是我们认识世界和改造世界的强大思想武器。因此，对于任何社会历史条件下的思想政治教育来说，世界观教育都是最根本的内容，是其他教育内容的奠基石。而在全球化大趋势的背景下，世界观教育更加重要。

大学生世界观教育是引导大学生健康成长、顺利成才的根本保障，是加强和改进高校思想政治教育的主要内容。大学生世界观教育的效果，直接关系到高等教育的人才培养质量，关系到社会主义人才培养目标的实现。因此，高校必须努力构建一个科学的、实效的大学生世界观教育的长效机制。为构建大学生世界观教育长效机制，高校思想政治教育工作部门要不断创新理念，提供思想保障；加强教师队伍建设，提供组织保障；通过科学管理，提供制度保障；加大经费投入，提供条件保障。

2. 人生观教育

人生观是指人们对人生的根本态度和看法，包括对人生价值、人生目的和人生意义的基本看法与态度，是世界观的重要组成部分。培养大学生健康的、科学的人生观，是高校思想政治教育一直非常关注的重要问题之一。人生观是人类所处的历史条件以及社会关系的产物，是来源于现实基础的。大学生朝气蓬勃，思维敏捷，

勇于创新，积极进取，身心发展都处在"活跃—动荡—变化—成型—基本定型"这样一个过程之中。大学时代学生处于人生的关键时期，建立和形成什么样的人生观，对其个人和社会都是至关重要的。为此，高校应加强和改进思想政治教育工作，把人生观教育作为教育的重点和突破口，在深化大学生人生观教育的工作实践中，不断探索和拓展有效途径，以解决大学生的思想状况中存在的问题。

作为高校思想政治教育工作者，应该着重于加强"以人为本、关爱生命"人生观教育内容，着力于引导大学生认识生命的价值，尊重自己和他人的生命，努力提升自身生命的内涵和价值。首先，要改进人生观教育的内容，树立从生命的角度和高度来理解学生的本质，将学生视为不断走向个体完善的独特生命存在的学生本质观；树立立足学生发展的终身性，为学生的发展奠基，增强学生发展的自主性，激发学生的创造潜能，实现学生发展的个性化，促进每一位学生发展的学生发展观；强调学生生命主体的能动性，将学生视为社会活动的实践者、平等交流的对话者的学生角色观。其次，要改进人生观教育的形式，使人生观教育充满时代内容和强大的生命力。通过开设相关课程，并在其他课程中加强渗透与开展课外活动，让大学生学会珍惜生命、丰富生命、升华生命。

3. 政治观教育

政治观是指人们从价值判断、价值倾向、价值选择角度，对关于国家政治、法律思想、国家结构、政治制度、国家路线方针政策等政治方面的价值观点。政治价值观规定着人们的政治思想、政治方向、政治素质，左右着人们的政治观点和政治立场。政治价值观教育凸显了高校思想政治教育的导向性，是实现大学生思想政治教育工具价值的主要内容。高校历来是各种不同的理论学术观点与思想观点交汇、融合、斗争的阵地，在世界风云变幻的形势下，高校能否坚持社会主义方向，能否塑造政治素质合格的人才，关系到中国社会未来发展的命运。

政治观教育总是在一定的社会环境中进行的，既受环境的影响，也对环境产生一定作用。我们在看到环境对人们政治思想作用强化的同时，也要看到人们改造环境的作用也在强化。大学生政治观教育必须与变化了的时代主题相适应，与变化着的社会环境相适应，与鲜活生动的教育对象——当代大学生的思想实际相适应。主导性的政治观念，只有在社会生活实践中为各种环境因素所强化，才能被大学生真正接受并内化为个体的政治品德，成为他们政治行为的指南。

4. 生活观教育

生活观是人对生活的基本看法和态度，其本质上是人生观问题，又是价值观的外部表现形式。一种全新的生活观，是依托于一种有价值的人生观的。对大学生进行生活观教育的主要目的是，通过教育来培养大学生可以形成良好的生活观，养成积极向上的生活态度，实现大学生的全面发展。大学生是国家的栋梁，是祖国未来的希望，因此对大学生进行生活观教育是极有必要的。这不仅可以帮助大学生学习专业知识，还可以帮助他们掌握生活方面的知识和技能，从而全面提高自身的素质，为以后进入社会打下坚实的基础。

当前对大学生进行生活观教育，其中一个重要目的是让大学生对生活观教育在大学时期的地位有一个明确的认识，为大学生提供科学、健康的观念、技能和方法。高校思想政治教育应对大学生生活观教育中存在的问题进行深入的分析，掌握大学生生活教育的发展趋势，对教育方法不断进行创新。在对大学生进行生活观教育的同时，要为大学生提供更加优质的教育，从而实现大学生的全面与健康发展。

5. 道德观教育

道德观是人们对自身、他人和世界所处关系的系统认识和看法，属于社会伦理的范畴。高校思想政治教育对大学生道德观教育影响重大，加强大学生道德观教育，并结合思想政治教育方法进行教育和引导，让其树立马克思主义的科学道德观，是摆在当前高校教育者和全社会面前的一个重大课题。大学生优良道德品质的形成是长期的过程，是在一定的社会生活实践经验的积累以及个人自觉锻炼和修养中逐步形成的。面对当代大学生道德观的变化和发展，我们既要进行客观分析，也要以历史的眼光正确对待，从中发现问题，找出对策，改进和加强思想政治教育工作。

6. 创造观教育

所谓创造观，就是人们对于创造的价值、能力和方法的根本性看法和态度。创造的价值是无与伦比的，它是人类社会进步与繁荣的本源，是一个民族生生不息的活力，是一个民族文化中的精髓。人类的历史就是一部发明史和创造史，创造力关系到一个民族和国家的兴衰存亡。社会主义现代化建设事业是一个空前规模的伟大创举，只有培养起全民族的创造力，才可能取得成功。高校进行创造观教育，主要应进行进取性精神教育、创造性思维教育和创造性技能教育。传统的思想政治教育思维往往把思想政治教育等同于理想教育，思想政治教育内容通常具有高度的政治理想性。

所谓进取性精神，是指一个人在人格成长过程中，所具备的主动进取精神、不屈不挠的精神以及与他人建立稳定的人际关系的能力。如果一个大学生缺少了进取性精神，也就没有了理想和抱负，他就会变得碌碌无为、不思进取，空有知识和技能，也不能有所发明和创造，所以这种进取性精神教育在高校思想政治教育中就显得至关重要。所谓创造性思维，是一种具有开创性的探索未知事物的高级复杂的思维活动，即以感知、记忆、思考、联想、理解等能力为基础，以综合性、探索性和求新性为特征的高级心理活动。加强大学生的创造性思维教育，有利于大学生正确运用辩证思维的方法，把握事物的本质和发展规律，综合运用各种科学思维方法面对新情况、解决新问题。所谓创造性技能，是指为了适应市场发展需要、增强市场就业竞争力而进行的一种创造性的技术能力。现代科技迅速发展、社会信息化方兴未艾，高校思想政治教育必须紧跟社会发展形势，把创造性技能教育纳入社会发展和人的发展的轨道上来。

7. 心理健康教育

心理健康是指精神、活动正常，心理素质好，突出表现在社交、生产、生活上，能与其他人保持较好的沟通或配合。心理健康是一个人全面发展必须具备的条件和基础。大学生是未来社会的主要建设者，他们将在很大程度上决定着未来社会的走向和发展状况，他们的心理健康与否，不仅影响着他们的学习和健康成才，而且对整个社会的安稳都至关重要。因此，心理健康教育是思想政治教育的重要组成部分，是培养跨世纪高质量人才的重要环节，对促进大学生的身心全面发展和素质全面提高具有重大意义。

心理健康教育的主要内容，就是对大学生进行心理健康教育和指导，使受教育者形成良好的个性、健全的人格、健康的情感、乐观的心态。加强大学生心理健康素质的培养，丰富学生心理教育的形式，改善培养、教育的条件和环境，特别是培养大学生坚强的意志，增强他们在激烈的竞争中，勇于进取、不怕挫折、自强自立、艰苦创业的意志和能力，是高校思想政治教育的当务之急。

第三节　高校思想政治教育内容创新的策略

高校思想政治教育的内容创新，既要遵循大学生成长发展的规律，又要在方法和手段上下真工夫，更要在创新过程中科学把握其历史经验与现实要求、内在动因与外部表征、趋势变化与规律遵循，通过方法路径的不断创新，不断增强高校思想政治教育的针对性和实效性，切实推动高校思想政治教育的科学化进程，落实立德树人的教育根本任务，把思想政治教育贯穿到教育教学的全过程，实现全程育人、全方位育人，努力开创我国高等教育事业发展的新局面。

一、优化高校思想政治教育内容的课程体系

优化课程体系是实施创新教育的根本，课程是教育改革的实质和核心环节。在知识经济社会，我们面对的是瞬息万变的知识创新局面，以学科为中心的传统课程模式所形成的知识结构、智能结构，已不能适应知识经济社会对人才的需要。高校思想政治教育内容体系的创新，是思想政治教育工作改革的重点所在，也是转变观念的主要落实之处，应根据国际形势和时代潮流的发展变化，不断调整课程体系，补充最新颖的内容。

1. 转变高校思想政治教育的观念

随着人类社会和经济的迅速发展变化，对高校思想政治教育也提出了新的要求。高校思想政治教育应转变观念，开拓新领域、增添新内容，加强人文素质教育，树立全新的教育观和人才观。这就需要把以传授知识为主的传统教育观，转变成人文精神、科学素养和创造能力协同培养的新型教育观；把培养精英人才的教育观，转变成培养"专通结合"人才的教育观；把片面的智力教育观，转变成培养综合素质的教育观；把继承性和传播性教育观，转变成内在价值观与外在价值观协同作用的教育观；把唯物质的教育观，转变为可持续发展的教育观；将单纯的经济、政治的教育观，转变成以经济、科技和人力资源为基础的综合国力的教育观；把以学科为中心的教学模式，转变为以学生为中心的教学模式。学生只有成为知识的主人而不是容器，才能创造性地应用知识，进而对知识进行创新。也只有具备了丰富的知识、认同的文化，才能把使命升华为坚定的信念、强烈的感情和高尚的情操。

2. 高校思想政治教育内容的创新

思想政治教育必须与时俱进，积极适应时代和社会的变化，实现全面创新，既包括思想政治教育观念的创新，也包括内容、方法和机制的创新。思想政治教育观念的创新，是思想政治教育工作创新的前提，只有思想政治教育观念创新了，思想政治教育的内容、方法、机制等才能真正创新，才能发现和开辟思想政治工作的新天地。

我们强调高校思想政治教育内容的创新，必须做到以下几点：第一，始终站在理论和实践的前沿，更新思想政治教育观念，进一步强化服务学生的意识，这是实现高校思想政治教育观念创新的最重要、最核心、最根本的观念。第二，确立符合

时代要求的新观念，这是实现高校思想政治教育观念创新的现实需要。第三，坚持以人为本，促进人的全面发展，这充分体现了高校思想政治教育的价值定位和角色定位的新变化。

3. 优化高校思想政治教育的课程体系

在进行高校思想政治教育的内容设计与选择时，必须确立这种教育内容体系应该如何创新。只有理顺了思路，才能真正有针对性地确定教育内容。分析高校思想政治教育课程设计的情况，主张以学科为中心的课程设计观念，没有考虑到大学生是受教育的主体，而忽视了大学生作为主体的作用；主张以活动为中心的课程设计观念，主要目标指向大学生的实际操作技能，强调解决大学生的实际问题，却没有考虑到对大学生进行思想政治教育的价值所在。

因此，高校思想政治教育的课程设计，应该考虑大学生的思想需求与兴趣，把科学的知识结构和理论体系结合起来，把理论与实践有机地结合起来，从而构成高校思想政治课程的内容。通过优化课程设计，激发大学生的新奇感，启发大学生的思路，鼓励大学生大胆探索、大胆设想，放手让大学生在实践中依靠自己的力量，通过自我锻炼，增强自豪感和自信心，加强自我发展意识，努力把自己培养成全面发展的合格人才。

二、强化社会主义核心价值观教育

社会主义核心价值观与社会主义核心价值体系是两个既有内在联系，又彼此区别的命题。社会主义核心价值体系指的是社会主义意识形态中那些反映社会主义经济、政治和文化制度要求、体现社会主义发展趋势的核心思想意识、价值观念的总和，而社会主义核心价值观则是对社会主义核心价值体系核心内容和精神实质的高度凝练及抽象概括，体现社会主义核心价值体系的根本性质和基本特征，反映社会主义核心价值体系的丰富内涵和实践要求。从根本上来说，社会主义核心价值观与社会主义核心价值体系在本质上是一致的、统一的，它们都体现了社会主义的核心价值追求，是建设中国特色社会主义不可或缺的重要组成部分。

（1）加强大学生社会主义核心价值观教育，正确认识核心价值观教育的实践意义。大学生群体的价值观深受社会变革的影响。大部分学生虽然在观念上认同社会主义核心价值观，但是在具体的行动或实际的问题中却又难以践行，产生了价值认知与价值行为之间存在着分离的现象。因此，在高校思想政治教育中，强化社会主义核心价值体系建设，具有长远的现实意义和历史意义。

（2）在隐性教学实践活动中，加强大学生社会主义核心价值观教育。把社会主义核心价值观融入高等教育，应充分认识思想政治理论课的主导地位，充分发挥思想政治理论课的引领作用，充分提升思想政治理论课的课堂控制力，充分发挥思想政治理论课教师的主导作用，全面提升思想政治理论课在高校社会主义核心价值观教育中的主导性。

（3）立足中华优秀传统文化，培育和弘扬社会主义核心价值观。中华优秀传统文化蕴含着丰富的思想道德资源，是涵养社会主义核心价值观的重要源泉。中华优秀传统文化和社会主义核心价值观具有内在的、历史的联系。一方面，中华优秀传统文化是社会主义核心价值观的重要根源，社会主义核心价值观的产生、形成和完善，是这些优秀传统文化内容自然的、历史的延续和发展；另一方面，社会主义核心价值观与中华优秀传统文化基本价值相对接，充满与中华优秀传统文化相同的民族精神。离开中华优秀传统文化的支撑，社会主义核心价值观将成为无源之水、无本之木。继承和弘扬中华优秀传统文化，要与培育和践行社会主义核心价值观紧密结合。

（4）遵循大学生身心发展规律，把核心价值观教育渗透到教育的全过程。实践证明，成功的价值观教育不仅是满足社会的需求，更是个人发展的要求。因此，要把社会主义核心价值观的教育过程与学生的成长和发展结合在一起，把核心价值观教育变为学生自身发展的需求。因为价值观的主体是个体的人，每个人在不同的年龄阶段，身心发展都有一定的规律性，并且有着不同的需求，只有贴近现实生活的教育形式，才能更好地解决大学生的实际需求，促进大学生的全面发展。

（5）拓宽核心价值观教育的实施途径，开展核心价值观教育的多样化活动。在对大学生进行社会主义核心价值观教育时，要采取灵活多样的教育方式。思想政治理论课是大学生核心价值观教育的主渠道，但不是唯一的教育途径，要充分开发和利用多种教育途径，调动学校一切有利资源开展核心价值观教育。

社会实践对大学生社会主义核心价值观教育具有重要的作用。一是，社会实践对大学生认知社会主义核心价值观具有转化作用。二是，社会实践对大学生认同社会主义核心价值观具有强化作用，能够增强实践体验、澄清理论是非，提升社会主义核心价值观教育的说服力。三是，社会实践对大学生践行社会主义核心价值观具有承载作用，能够提升社会主义核心价值观的个体化和整合力。四是，社会实践对大学生弘扬社会主义核心价值观具有辐射作用，是大学生模范践行社会主义核心价值观、增强其影响力的重要平台。

三、加强中华优秀传统文化教育

中华优秀传统文化博大精深，既是中华民族在世界文化激荡中站稳脚跟的根基，也是最突出的民族优势和最深厚的文化软实力；既是马克思主义中国化不可或缺的思想来源，也是马克思主义中国化不断深化的思想支撑。

深入推进传统文化的理论研究和宣传普及，是时代赋予广大高校思想政治理论教育工作者的光荣使命。开展中华优秀传统文化教育有三个层面的主要内容：一是以天下兴亡、匹夫有责为重点的家国情怀教育；二是以仁爱共济、立己达人为重点的社会关爱教育；三是以正心笃志、崇德弘毅为重点的人格修养教育。

我们要认真汲取中华优秀传统文化的思想精华和道德精髓，大力弘扬以爱国主义为核心的民族精神和以改革创新为核心的时代精神，深入挖掘和阐发中华优秀传统文化中讲仁爱、重民本、守诚信、崇正义、尚和合、求大同等理念的时代价值，使中华优秀传统文化成为涵养社会主义核心价值观的重要源泉。同时，要处理好继承和创造性发展的关系，重点做好创造性转化和创新性发展，深入发掘中华优秀传统资源的当代价值。高校作为人才培养的摇篮，要加强对传统文化教育意义的认识，充分体会传统文化教育对于培养大学生的民族精神、人文精神，帮助大学生形成正确的人生观、价值观和世界观，塑造健康人格等方面的重要作用。

（1）建立传统文化教育的通识课程，构建传统文化教育的课程体系。开设传统文化教育通识课程，即立足各高等院校的实际情况，将传统文化教育作为学生的必修或选修课程，列入教学大纲，纳入学校课程体系。另外，在其他基础课中，可以有选择地增加有关中国传统文化的教学内容，为大学生能够系统地学习传统文化知识提供必要的平台，使得学生能够系统了解中国传统文化历史，从而有利于他们接受传统文化熏陶，习得传统美德智慧。目前，一些高校已经开设了以"博雅课程"命名的传统文化教育通识课程，并将相关课程纳入学校的课程建设体系，采取立项方式进行重点打造，并给予充分的经费支持，鼓励高水平教师和学科带头人申报建设，使得这些学校兴起了"博雅艺术"之风。

构建传统文化教育的教学课程体系，还包括在高校思想政治理论课教学中融入传统文化教育内容。如果在思想政治理论课中恰当地穿插、引用传统文化知识，不仅能使教学内容生动翔实、深入浅出，而且能够吸引大学生的关注，更容易为他们所接受，从而使得思想政治理论教育工作更能收到实效，同时也使得传统文化教育工作真正落到了实处。

（2）创设良好的校园文化环境，打造传统文化教育的优良载体。营建良好的校园文化环境，就是在高校校园内呈现传统文化的精髓与意蕴，要从校园物质文化建设和精神文化建设两个方面着手。相对于校园精神层面的文化来说，校园物质文化发挥着基础性作用，是校园物质创造的形式和成果的总和，决定校园文化建设的内容和形式，也关系到校园文化建设的未来和走向。在许多办学历史悠久的高等院校校园，能够看到保存较为完好的古代园林建筑，亭台轩榭、雕台镂窗、墨迹遗画，都是一笔极其珍贵的传统文化教育资源，让大学生在无形之中受到了良好的教育。即使是建校时间不长的一些高等院校，也可以在校园建设过程中多加留意，道口路边的名人名言、古朴雅净的书画长廊、庄重肃穆的圣人雕像，这些都可以转化成传统文化教育资源。

在校园精神文化建设方面，通过学校团委、学工处等具体部门的引导，适当组织一些传统文化纪念、推广活动，创设良好的传统文化情境，营造良好的传统文化宣传氛围，以此去感染、启迪、陶冶和塑造学生。比如，许多高等院校利用清明节、端午节、中秋节等传统文化节日，组织一系列生动活泼、参与广泛的传统民俗文化宣传活动，在校园内掀起浓浓的民俗情怀，让一些热衷于过"洋节日"、与传统节日隔膜较深的大学生受到良好的教育，真正领略到中国传统节日文化的魅力，增强民族自豪感和认同感，在潜移默化中提升民族精神和人文精神。

（3）提升师资队伍素养，挖掘传统文化教育的人文内涵。在高校现有的传统文化教育模式中，任课教师大多从中文、历史等学科的现任教师中抽选。他们大多有自己的专业课程教学任务，再承担传统文化教育课程，往往会觉得力不从心，很难投入更多的精力，从而影响到课程教学质量的提高。这就要求学校在这方面应该加大投入，争取建立一支专职传统文化教师队伍，即使是选任相关学科教师，也应合理分配他们的教学任务，以便使他们有足够的时间来备课。同时，要认真做好传统文化教学队伍的建设工作，有条件的应开展对师资队伍的培训工作，通过派出学习、资助课题、组织交流研讨活动等形式，打造一支知识深厚、业务熟练、勤于钻研、敢于出新的教师队伍。

学校要加强对师资队伍的检查、督导工作，并定期进行考核，以便使得传统文化教学工作走上正轨，并保持可续发展的良好态势。在具体的课程教学业务指导方面，应引导教师队伍探索出一条针对性强、切实可行的教学方法。在此基础上，教师再引导学生理解传统文化中蕴含的深刻含义，令其真正体会到传统文化的精髓，从而在潜移默化中受到良好的教育、促进道德的提升。

（4）运用现代网络技术和手段，实施传统文化教育的教学改革。当代大学生对新鲜事物有着明显的求知欲，传统文化教育模式必然会使学生感到兴趣索然。从根本上改变原来的传统文化教育模式，不断探索传统文化教育的新路径，对传统文化教育的教学方式改革显得十分必要。传统文化并不是通过灌输就能被学生接受并喜爱的，而是应该以各种各样灵活的方式深入并渗透到学生们心中，让他们在不知不觉中认识、接受并喜爱它。针对大学生的不同兴趣和个人喜好，把网络信息技术引入到传统文化教育的课堂中，会起到意想不到的效果。

为了进一步加强传统文化教育，需要加强校园网络建设，重点打造一批有广泛影响的传统文化特色网站，支持和鼓励校园网站开设传统文化教育专栏，依托高校网络文化示范中心、大学生网络文化工作室等，拓宽适合大学生学习特点的线上教育平台。

中华优秀传统文化的最大价值以及核心内容，就在于有着丰厚的伦理道德资源，可以提升人文素养。中华传统美德是中华优秀传统文化的精髓，蕴含着丰富的思想道德资源，对这些价值理念，要坚持古为今用、推陈出新，有扬弃地予以继承和弘扬。当人类社会最初走进以经济为主的社会形态的时候，精神方面的缺失造成的社会影响并不显著。但是随着社会物质生活越来越富裕，这方面的影响也就越来越明显。高校作为人才培养的摇篮，在经济全球化时代，面对大学生在传统与现代、东方与西方之间的彷徨与困惑，应担当起传承和弘扬优秀传统文化的使命，努力用中华民族创造的一切精神财富"以文化人、以文育人"。

第三章　高校思想政治教育
工作方法创新

第一节　高校思想政治教育工作方法概述

要做好高校思想政治教育工作，不仅要遵循客观规律、遵循正确的方针和原则，深谙教育教学原理，还必须掌握和运用科学的方法。方法得当，就会事半功倍；方法不当，就会事倍功半。高校思想政治教育方法是多种多样的，并随着实践的发展而不断丰富发展。把握和运用好高校思想政治教育的方法，是对高校思想政治教育工作者的基本要求之一。

一、高校思想政治教育方法的基本含义

（一）方法和方法论的含义

所谓方法，是指主体为了达到认识世界和改造世界的目的，而作用于客体所运用的工具、手段和活动方式的总和。它是主体联系客体的桥梁，作用于客体的中介，是任何实践活动不可缺少的要素。方法是人们在长期的实践活动和认识活动中形成的，是人们认识世界和改造世界活动的法则。离开了人的认识或实践活动，方法就会失去存在的基础与价值。就其本质而言，方法是人对客观规律的科学把握与自觉运用。人们在认识世界中所采用的方法叫作认识方法或思想方法，在改造客观世界中所采用的方法叫作行动方法或工作方法。

1. 方法与活动相联系

无论是认识世界的活动，还是改造世界的活动，都要遵循一定的方法，都要运用一定的符合其对象实际的方式、方法，否则就不可能获得任何成功。人类认识世界和改造世界，主要依靠经验和科学技术及其相应的方法系统，经验和科学技术一

且转化为方法系统，就有了控制和改造世界的创造性功能，就可以转化为直接生产力。方法系统是主观世界和客观世界联系的有力中介，科学的方法系统有利于达到主体与客体的高度统一。简言之，方法是对事物运行过程规律的认识和把握。方法素质是促进主体人素质开发与不断完善的重要途径和桥梁，方法也就是促进知识的掌握与运用、能力的培养与发挥的助力器。

2. 方法与对象相联系

对象不存在，也就无所谓方法。采取什么样的方法，必须与认识对象或工作对象相适应。人们的认识对象或工作对象是复杂多样的，这种复杂多样性决定了方法的复杂多样性。人们的认识对象或工作对象又是千差万别的，各有其矛盾的特殊性，因此，不能采取千篇一律的方法，而必须针对不同的对象采取不同的方法。人们的认识对象或工作对象是不断发展变化的，因而方法也会不断发展变化。

3. 方法与人的目的相联系

方法总是为实现人的目的而服务的，目的不同，方法也就不同。目的的多种多样性，决定了方法的多种多样性。例如，目的是过河，方法就是"船"或"桥"等，目的实现了，方法的使命也就终结了。目的本身十分复杂，主要表现为目的具有多种主体，即使同一主体也有多种分类。可以说，不同的人、不同的时代，根据不同的分类标准，对目的都有着不同的认识。但目的复杂性并不在于放弃目的，因为方法只是达到某种目的的手段。

4. 方法与理论相联系

从感性认识、实践经验上升到理论，也就是理论指导、运用于实践、解决具体问题，有一个方法的问题。就理论指导实践而言，人们在某一具体实践活动中所采用的方法，不仅会同与这一具体实践活动直接相关的理论有关，还要直接或间接地受到人们的思想观念及其相关的理论知识的影响。方法不是彼此孤立的，而是相互联系的，方法的联系性是由客观对象的联系性所决定的。各种不同的客观对象，不仅会因为各自的个性而相互区别，而且会因为相互之间具有某种共性而相互联系。因此，在认识和改造客观对象时，既要采用与对象相适应的特殊方法或具体方法，也要采用与具体方法相联系的一般方法，求得一般方法与具体方法的统一。

5. 方法是主观与客观的统一

从方法的产生看，方法是人的思维活动的产物，人们在认识活动、实践活动中，把成功的方法或经验经过大脑的思维上升为理性认识，并经过实践的检验，变成可以传承的具有科学性的方法。方法和人的思维方式联系在一起，以特定思维结构和方式为基础，随人的思维方式的变动而变化，从而保持方法具有既相对稳定又不断发展的知识体系。从方法的运用上看，人们在完成某一任务，达到某种目的时采用什么样的方法是主观的。虽然方法具有主观性，但任何方法的采用都要受到客观情况的制约，都必须根据认识对象或工作对象的内容，或根据当时的具体情况，以及对象自身的运动规律来确定，因而，采取什么样的方法又都具有客观性。

所谓方法论，就是关于认识世界和改造世界的方法的理论，简言之，就是关于方法的学说或理论。方法论有层次之分，认识世界和改造世界，探索实现主观世界与客观世界相一致的最一般的方法理论是哲学方法论；研究各门具体学科，带有一定普遍意义，适用于许多有关领域的方法理论是一般科学方法论；研究某一具体学科，涉及某一具体领域的方法理论是具体科学方法论。三者之间的关系是互相依存、互相补充的对立统一关系。哲学方法论对一般科学方法论、具体科学方法论有着指导意义。

方法论和世界观是一致的。方法论是世界观的运用，世界观是方法论的基础，用世界观去指导认识世界和改造世界，就是方法论。世界观不同，方法论也就不同。世界观与方法论相互联系，相伴相生。

（二）高校思想政治教育的方法

高校思想政治教育的方法，就是高校思想政治教育工作者为完成一定的思想政治教育任务，在对大学生进行思想政治教育的过程中所采用的一切方式、办法或手段的总和。高校思想政治教育的方法主要有情感教育法、说理教育法、个性教育法、典型示范法、行为规范养成法等。

1. 情感教育法

高校思想政治教育的情感教育法，是指在思想政治教育过程中，教育者依据一定的教育要求，借助相应的教育手段，激发、调动和满足受教育者的情感需要与认知需要，促使受教育者产生积极的情感体验，并建立教育者和受教育者之间的良性情感互动，提高教育实效性的一种方法。情感教育法是以情感行为作为中介的一种教育手段，也是易于广泛实施、易于为人接受、易于取得良好教育效果、易于彰显思想政治教育工作艺术的一种教育方法。

在高校思想政治教育过程中，有少数教师忽视了学生的人格与尊严，缺乏情感的投放。他们往往因袭传统的教育观念和教育方式，采用"我讲你听，我说你服"的老办法。尤其是当大学生提出一些现实生活中的敏感问题，或某些与"正统"要求不相吻合的问题时，有的教师不是耐心地分析和说服，而是斥责多于宽容和理解，批评多于分析和思考，禁止多于疏导与开启，结果导致教师与学生在感情上对立、心理上隔离，教育的效果之差可想而知。所以，高校思想政治教育工作者务必注重情感的投入、心灵的沟通，做学生的好老师、好朋友。

2. 说理教育法

说理教育法一直是中国道德教育领域中的重要方法，也是高校思想政治教育中最基本、最常用的具体方法之一，是教育者通过语言来表达和阐释相关思想、理论、观点，以期对教育对象实施影响与教育的方法和艺术。说理教育法在本质上表现为教育者与教育对象通过对话、交流达致互相沟通、理解，并进而促进其发展和成长的过程。这种方法注重通过对理论的阐释和讲解，通过对教育对象的正面教育和理性引导，帮助教育对象树立科学的世界观和良好的道德品质，实现教育的终极目标。

要做到以理服人，应注意以下两点：第一，要因人施教，提高思想政治教育的效果。由于每个人的身心成熟程度不同，教育的方式方法也应不同，说理的层次也有所区别。对大学生来说，在中小学阶段，已经普遍接受过行为规范教育、思想品德教育和法制教育，初步具备了分辨好坏、善恶、是非的标准，初步了解了马克思主义的基本原理、原则和方法。到了大学阶段，应在原有的基础上进一步结合实际情况，将马克思主义基本原理、基本方法讲清讲透，提高大学生的思想政治觉悟和理论水平。

第二，要用事实和道理说服人。说理是打开人的心扉的钥匙，只有说理透彻，才能把道理讲清楚，让人心悦诚服。例如，给大学生讲授社会主义本质时，不仅要让学生了解社会主义是什么，更要让学生知道为什么。只有把这些道理分析透彻了，学生才能深刻地把握社会主义的本质。

3. 个性教育法

这是一种以培养学生的兴趣和爱好，促使他们的个性得以充分发挥，形成自己独特的风格的方法。它强调活动的多样性和参与的自发性，使学生的主观能动性和潜力得到充分运用。大学生由于家庭背景不同，接触的社会环境不同，个性心理特征不同，因而形成的矛盾或思想问题也不同。对大学生进行思想政治教育，要做到有针对性和实效性，就必须把握大学生思想品德的个性特征，对症下药，依据每个人的个性特征，开展思想政治教育工作。

对大学生开展个性教育，应当着重把握以下三点：

第一，摸清问题，找准矛盾。只有摸清了思想脉络，才能有的放矢、因人施教。

除了个别谈心之外，还要引导他们阅读资料、书籍或进行社会调查，提高他们发现问题、解决问题的能力，达到教育学生转变思想的目的。

第二，掌握"性格"。人的性格是个性的核心，是一个人处事待物的基本心理特征，由于性格不同，对相同问题的认识和态度往往会有所不同。比如，对待他人，有的人性情坦率，富于同情心；有的人则思想隐蔽，待人冷漠。对待自己，有的人自尊自重，谦虚谨慎；有的人则自高自大，盛气凌人。所以，掌握人的性格，对于有效地开展思想政治教育工作特别重要。

第三，了解"气质"。在现实生活中，由于人的气质不同，待人接物的态度和表现形式就会有很大区别。例如，有的人脾气暴躁，容易冲动，粗鲁任性，往往把好事办坏；有的人兴趣广泛，认识敏捷，易于接受新事物；有的人沉默寡言，多愁善感，观察问题细致、敏感、多疑，但其意志比较脆弱，不耐挫折。因此，对待不同气质的人，要采取不同的思想政治教育工作方法，方能取得理想的教育效果。

4. 典型示范法

典型示范是指胸中有全局、手中有典型，抓典型、树榜样，发挥先进典型的示范作用，这是高校思想政治工作的传统方法和基本经验。先进典型包括集体和个人，他们代表先进生产力的发展方向、先进文化的前进方向、社会精神文明发展的高度，体现出鲜明的时代精神和风貌，由于引领社会发展潮流而凸显出独特的价值。

抓典型、树形象，应注意做好以下几个方面的工作：

第一，要善于发现典型，实事求是地宣传典型。先进人物的先进事迹、先进思想、模范行为，是他们在生产、工作、学习和生活中产生的。只有深入实际、深入群众，才能发现典型、树立典型。典型树立起来之后，就要实事求是地宣传典型，以先进典型来影响和带动群众。在宣传上，一定要坚持原则，力戒浮夸，不讲过头话，先进典型也不是十全十美的，因此也不能护短。

第二，要教育人们正确地对待典型。先进典型树立起来之后，就要教育群众虚心向先进人物学习，逐步形成一个支持先进、尊重先进、争当先进、赶超先进的好风气。学习典型人物，学习先进集体，主要是学习他们高尚的精神、崇高的品质，以激励自己的进步，而不只是简单地模仿，搞形式主义。

第三，除了学习社会上的先进典型之外，还要在各级各类学校树立自己的先进典型，如先进教育工作者、模范教师、先进班集体、优秀大学生等，这些典型教育针对性强，对大学生具有更好的教育效果。因为这些先进典型就在他们身边，先进典型的言论与行动，他们听得着、看得见，对他们更具吸引力、更有实效性。

5. 行为规范养成法

高校思想政治教育的实践证明，思想政治教育不能仅仅停留在口头上，必须落实在行动中，既要重视思想认识上的教育，又要重视行为规范的养成。大学生的好思想、好品德、好习惯，不是依靠单纯的"说教"、简单的"灌输"或自上而下的行政命令就能形成的。还必须在日常生活、学习和社会活动、交往过程中，用人们共同遵守的基本行为规范和社会公德、职业道德、家庭美德来启迪与引导，使大学生中不文明的习惯转化为文明习惯，使非道德行为转化为道德行为，从而提高大学生的思想、政治、道德素质。

行为规范养成教育的内容与形式是多种多样的，如倡导校园文明、班组文明、宿舍文明的养成教育，这种教育包括引导大学生自觉地遵守校规校纪。在行为规范养成教育过程中，教师的模范行为极为重要，身教重于言教。要学生不要随地吐痰、乱丢果皮，教师就要身体力行；要学生不讲脏话，做到语言美，教师就要以身作则。只有言传身教、表里如一，才能形成高尚的师德情操，这对大学生的好思想、好品德的养成具有积极的引导作用。

二、高校思想政治教育方法的作用

方法的价值在于它特有的功能和作用。高校思想政治教育方法的中介性质，决定了它是联系教育主体和教育对象的桥梁，其作用主要表现在以下方面：

1. 高校思想政治教育方法是本学科理论的重要组成部分

思想政治教育学科是一门理论性和应用性都很强的学科，而且教育对象是人，重在以理服人，解决人的思想问题。这就决定了高校思想政治教育理论应具有很强的系统性、逻辑性和相当的理论深度，能够深刻揭示人的思想变化发展规律和教育规律。同时，思想政治教育的目的决定了其不能成为纯理论学科，要认识、改造思想政治教育的客体，要把深刻的思想和科学的理论，转化为现实的可操作的方式方法，来实现思想政治教育工作的目的。正是这个特点，使得思想政治教育学科有着很强的理论性，而作为教育实践则有着很强的应用性与实在性。两者在思想政治教育学科内部形成了一种张力——理论有转化为方法的需要，实践要求有理性方法的指导。

现代思想政治教育工作尤其如此，决不能随心所欲，或凭主观意志办事，必须尊重科学规律，讲究科学方法。一句话，现代思想政治教育工作方法论在思想政治教育学科体系中具有不可或缺的重要地位和作用。深入思想政治教育学科内部就不难看到，现代思想政治教育工作方法论的具体作用有两个重要方面：其一，将思想政治教育学的理论、规律和原则，向现代社会实践中可操作、可具体应用的方法转变，使理论得以正确运用，这是实现思想政治教育工作目的的关键一步。其二，将各种各样、分散凌乱的传统的和现代的思想政治教育工作方法、经验做法进行了分析、提升和凝练，不但明确了各种方法的理论基础和应用范围，还明确了各种方法之间的内在联系，建立起了一个方法论体系。这套方法论体系解决了在思想政治教育过程中，教育规律与人的思想形成变化规律有机结合的问题，解决了思想政治教育过程中的程序问题，以及在每一环节、每一阶段应当应用什么方法和如何应用的问题。

2. 高校思想政治教育方法是完成思想政治教育任务的必要条件

任务决定方法，方法为任务服务，方法的科学与否直接决定教育的成效。高校思想政治教育的任务就是要把一定社会或阶级的思想政治观念、道德原则规范，凝结在教育对象的身上，转化为他们具有稳定性特征和倾向性的思想道德品质。这个转化的途径和条件，就是针对教育对象的具体状况，实施正确、有效的教育方法。不实施正确、有效的思想政治教育方法，就不可能完成高校思想政治教育的任务，也无从发挥高校思想政治教育的作用。否则，高校思想政治教育的任务就会仅仅停留在口头上，不能达到对教育对象实施教育的目的。正因为如此，高校思想政治教育方法是连接教育者和教育对象的桥梁，是完成教育任务必不可少的条件。

3. 高校思想政治教育方法是影响思想政治教育内容的重要手段

在高校思想政治教育活动中，思想政治教育方法、手段和途径的选择，应该根据教育内容的差异而有所不同。同样，要使高校思想政治教育的内容对教育对象产生影响，也必须借助正确、恰当的思想政治教育方法，使这些内容和思想政治教育对象的实践联结起来。否则，再好的教育内容也无从对教育对象产生实质性影响。可见，科学的方法能揭示教育对象的思想实质和思想特点，揭示教育所处的具体环境对思想政治教育的影响，指示着教育实践的目的性和教育内容的层次性。因此，高校思想政治教育方法是影响思想政治教育内容的重要手段，为思想政治教育的方向提供了条件和保证。

4. 高校思想政治教育方法是影响思想政治教育效果的关键因素

高校思想政治教育目标的实现和任务的完成，要通过有效的思想政治教育，而有效的思想政治教育只有用有效的方法才能实现。在高校思想政治教育中，不同教育主体之所以对同一对象的教育产生不同的效果，主要原因在于他们掌握的思想政治教育手段、方法和艺术存在差异。要获得较好的教育效果，就必须根据教育对象的个体差异和外在环境的变化遴选出不同的教育方法，并在此基础上，综合运用各种教育艺术，把教育内容自然地渗入教育对象的头脑中，激发教育对象进行实践的愿望，让他们在实践中加以巩固，使之成为其稳定性和倾向性的思想道德品质。因此，思想政治教育方法是影响高校思想政治教育效果的关键因素。

5. 高校思想政治教育方法有助于受教育者接受教育内容并形成影响力

思想政治教育内容在本质上是特定国家或集团意志的具体体现，尤其是其中有关该社会统治思想和制度秩序合法性的教育内容，提升受教育者社会道德意识的教育内容等更是如此。这就决定了思想政治教育内容与受教育者从自身满足和发展的需要出发，在特定认识水平的基础上选择接受动机取向，总是存在一定的差距。缩小广大受教育者需要与思想政治教育内容的差距，使其能在知晓的基础上，全面感知和体验教育内容的合理性和价值性，并自觉内化为自己的价值观和信念，再外化为自觉的行为，进而形成对人和社会的影响力，既是思想政治教育工作的根本任务和存在的价值，也是任何时代和国家的思想政治教育工作面临的最大难题。

因为受教育者自主选择和接受思想政治教育内容的动机相对较弱，所以化解这一难题的根本途径就是寻找合适的载体和方法，促进思想政治教育的内容向不同层次的受教育者广泛而有效地传播，推动受教育者自觉或不自觉地接受其影响。因此，作为传播和承载思想政治教育内容的重要工具，高校思想政治教育工作方法应随着时代的变迁和发展而不断发展和创新，发挥出传播思想政治教育内容的更好作用和效果。离开了高校思想政治教育工作方法，思想政治教育内容既不可能自动向受教育者的思想和行为转化，也难以发挥影响大学生思想和行为进而影响社会的作用。

第二节　高校思想政治教育方法创新的原则

创新不是无源之水、无本之木。创新必须是建立在过去经验和成果基础上的继承与发展。创新的过程，是对思想政治教育的规律性进行认识和把握的过程，而认识和把握思想政治教育的规律，又是对过去的经验和成果进行分析与总结的结果。也就是说，创新是高校思想政治教育的必然之路，但是创新不是随意的、盲目的，而是要根据思想政治教育的环境、条件、对象的变化，遵循思想政治教育的规律和原则的创新。

一、科学性原则和疏导结合原则

传统的以灌输为主的思想政治教育方法，越来越不符合社会发展的要求，也越来越难以被教育对象接受。因此，在当前的高校思想教育方法实践中，哪些方法应该弘扬，哪些方法应该舍弃，哪些方法应该发展创新，其判断的标准在于它是否符合科学性的原则。

疏导结合原则是高校思想政治教育工作的一条重要原则，体现了思想政治教育工作"合目的性"和"合规律性"的统一。"疏"的要求是从人们思想实际的发展趋势出发，以相信群众、依靠群众为出发点，采取百花齐放、百家争鸣的方针，放手让各种意见和观点充分表达出来，经过观察和研究，做出引导的决策。"导"的要求是在疏通的基础上，对正确的意见和思想观点，旗帜鲜明地表示肯定和支持，促进其进一步发展；同时，对错误的意见和思想观点，通过民主讨论、说服教育、批评与自我批评的方法，以理服人、化消极因素为积极因素。因此，疏通与引导的关系是密切联系、不可分割的关系。可以说，疏通是解决问题的前提，是引导的必要准备；引导是疏通的必然继续，是疏通的目的所在。

二、自我教育原则

自我教育原则就是通过反省、反思、自我思想改造等自我修养途径，提高思想道德水平、理性思考水平；通过自我约束、自我控制和自我管理途径，增强把握正确方向的能力。我国著名教育家叶圣陶曾说过："教育的目的就是为了不教育"，这里的"不教育"可以理解为自我教育。自我教育是衡量教育是否有效的一个标志，又是思想政治教育最终落实的归宿。自我教育之所以重要，是因为人们的主体性加强了。社会处于开放的状态，人们的选择性扩大了，社会的规范性增强了，这些都对人的主体性增强提供了条件，也对自教自律提出了更高的要求。

开展自我教育，一是要把个体自我教育与集体自我教育紧密结合起来，在激发和引导受教育者自觉开展个体自我教育的同时，着力组织和指导受教育者的集体自我教育，提高全体成员的思想道德素质。二是要把自我教育与接受教育紧密结合起来，切实加强对自我教育的激励和引导，引导受教育者确立高尚的人生理想，以激发起自我教育的愿望；引导受教育者了解社会思想品德规范的要求，使其掌握自我修养的标准；指导受教育者通过学习和实践，提高自我教育的能力，使其能够始终自觉按照社会要求严格规范自己，达到高校思想政治教育的目的。

三、针对性和实效性原则

高校思想政治教育的方法创新，要坚持针对性和实效性原则。所谓针对性，就是针对具体人的具体思想实际，采取不同的思想政治教育方法。也就是使思想政治教育方法因人制宜，因时制宜，因地制宜，因事制宜，一把钥匙开一把锁，不搞一刀切。所谓实效性，就是即时效果或有用性，主要指方法的可操作性，在实践中的可行性，产生良好结果的可靠性。加强针对性是为了增加实效性，只有加强针对性，才能切实改变受教育者思想状况，提高其思想觉悟水平，收到思想政治教育的实效。

实效性原则要求高校思想政治教育者具有高度的责任感，在实施教育的过程中不断根据实际效果，坚持运用已经被实践证明是正确的方法，纠正或修正在实践中被证明是错误的方法，以达到最终的教育目的。是否具有实效性是检验思想政治教育方法成功与否的根本标准，没有实效性或实效性差的思想政治教育方法，无论如何也算不上是成功的思想政治教育方法。总之，坚持实效性原则，选择正确的方法，争取最佳效果，是提高思想政治教育质量的必然选择。

四、循序渐进原则

循序渐进，就是按一定的顺序、步骤逐渐进步。也就是说，人们对客观事物的认识，有一个由简到繁、由低级到高级、由直观到抽象的循"序"过程，人们对任何事物都不可能一步达到对其本质的认识。人们思想认识的形成过程，往往也是从浅层次的心理感受层面，提升到思想体系和世界观层面的过程。对高校思想政治教育来说，坚持由表及里、由浅入深的循序渐进原则，不仅体现在教育方法的创新中，还涉及课程内容设置的循序渐进，其核心问题就是要考虑到受教育者的心理承受能力和知识结构的接受能力。就教育方法的创新来说，作为教育者，首先要考虑教育的意图、观点和理论，在多长时间、多大范围、多深程度上能够被受教育者接受，而不会引起他们心理上产生紧张、恐慌、厌倦或对立的情绪。

为了解决大学生的实际问题，需要主动深入到学生之中，了解和掌握他们的心理需求及学习等实际情况，及时把握他们的思想脉搏和动向，围绕学生的思想实际开展思想政治教育。把党和国家的路线、方针、政策的宣传教育，与社会的发展以及学生个体的发展和利益结合起来，采取循序渐进、寓教育于"无形"的方式，即寓教育于活动中与管理工作的过程中，通过感情感染，动之以情，晓之以理，由情入理，激起学生心理层面的激荡，在思想政治教育的氛围中解决问题。就课程内容的设置来说，坚持循序渐进的原则，就是既要考虑到受教育者的知识结构状况，又要考虑不同课程内容之间的逻辑关系。因为每门课程自身内容有一个内在逻辑结构，不同课程之间也有一个内在逻辑结构问题。

五、方向性和与时俱进原则

方向性原则也称目标性原则，指决策者在决策中必须有明确的目标和方向。高校思想政治教育方法坚持方向性，就是坚持社会主义方向，坚持共产主义的远大理想和目标。没有方向性的坚持，思想政治教育的方法创新就会迷失方向，偏离目标，导致整体上的失败。但是坚持方向性，不是僵死地固守现有的条条框框，而应与时俱进，同不断发展的社会实践紧密结合。

与时俱进是指准确把握时代特征，始终站在时代前列和实践前沿，始终坚持解放思想、实事求是和开拓进取，在大胆探索中继承与发展。坚持与时俱进原则，就是说在高校思想政治教育中，要适应时代的发展和外界的变化，及时调整和补充思想政治教育内容，转变思想观念，采取积极行动，达到思想政治教育的目的。也就是说，掌握方向性和与时俱进原则，才能使二者紧密结合融为一体，因为方向性是坚持与时俱进的方向性，而与时俱进则是在坚持方向性的前提下的与时俱进。

六、系统性原则

系统性原则也称整体性原则。从管理学的角度看，系统性原则要求把决策对象视为一个系统，以系统整体目标的优化为准绳，协调系统中各分系统的相互关系，使系统完整、平衡。从教学论上讲，系统性原则要求教学必须循序、系统、连贯地进行。坚持系统性原则创新教育方法，必须从系统的整体出发，既要考虑教育对象的思想特点与需要，又要考虑思想政治教育任务和内容的要求，还要考虑教育队伍的状况和客观环境的变化。就教育内容而言，进行思想政治教育，要让教育对象知道某些概念、原理以及整个思想体系的创立背景和适用范围。任何断章取义的引用，或生搬硬套、生拉硬扯，都是唯心主义的、非科学的；而无视新情况、新问题的出现，一味地照本宣科，则是教条主义的、不可取的。

就教育对象而言，由于学生所学专业不同、年级不同，其思想发展状况也不平衡，在实施思想政治教育时不能搞"一刀切"，而要根据不同教育对象的思想状况和具体特点，有选择地运用合适的方式开展教育。思想政治教育是系统工程，在开展思想政治教育时，不仅要从整体来把握，而且要从个体入手，根据不同的教育对象和不同的问题，不断寻找新的角度，适应不同对象的思想特点，灵活机动地采用各种教育方法，充分调动教育对象的思想感情，形成教育者与教育对象之间的双向互动，从而增强思想政治教育的效果。

此外，高校思想政治教育方法创新还要遵循激励性原则、实践性原则、前瞻性原则等。这些原则体现了时代气息，反映了思想政治教育对象的思想新特点。只有掌握并坚持这些原则，才能真正做到思想政治教育方法的创新，也才能更好地增强思想政治教育的针对性和实效性。

第三节 高校思想政治教育方法创新的策略

当前，高校思想政治教育工作必须结合思想政治教育的特点、规律和科学技术的进步，改变传统的"一支笔，一张嘴"的单一模式，克服那种只讲大道理的传声筒式的教育方法，在课堂讲授、实践环节、多媒体教学、网络运用等方面要不断改进，通过多方齐抓共管，营造和谐发展的氛围。同时，高校思想政治教育工作还必须适应社会发展的新形势，抛弃不合时宜、不切实际的做法，既注重运用传统方法，又注重运用互联网等现代方式；既注重师生民主合作原则，又注重课内外教学活动相结合原则，不断增强思想政治教育的感染力和有效性，从而达到高校思想政治教育的最佳效果。

一、适应新时代发展要求，传承和改革传统高校思想政治教育方法

在传统的思想政治教育过程中，人们探索并形成了一套完整的教育方法，如理论教育法（灌输法）、典型教育法（榜样教育法）、实践锻炼法、自我教育法、形象教育法等。这些方法都曾发挥过巨大作用，有些方法至今仍具有强大的生命力。但

是，如果把传统的思想政治教育方法简单地套用到当代高校思想政治教育实践中去，则不会受到学生的欢迎。因此，必须对传统思想政治教育方法进行创新，赋予其生机和活力，使其适应时代的要求。

（1）理论教育法（灌输方法）是传统思想政治教育的基本方法，在思想政治教育中发挥了巨大的作用，现在却受到了质疑。有人认为，中国社会已经发生了巨变，特别是大学生掌握了较高的基础知识和理论水平，有相当的时间、精力和能力从事理论学习和研究，灌输无论在时间上还是空间上都已过时，应以"独立思考""自我教育"来取代。也有人认为，对有较高文化的大学生不宜再用灌输方法，而应以其他方法来代替。这些认识不无道理，但却是片面的。当然，灌输方法确实存在教条化、命令式、满堂灌的弊端，但其优势也是不可忽略的。因此，必须赋予高校思想政治教育方法新的生机和活力。

高校思想政治教育灌输方法的创新，应从以下三个方面进行：一是转变灌输理念。改变传统思想政治教育中教育者为中心的观念，而代之以受教育者为主体的观念，变单向灌输为双向互动式灌输，变强硬命令式灌输为疏导启发式灌输。鼓励大学生充分发表自己的观点和看法，倾听学生的呼声和意见，使思想政治教育过程成为教育者和受教育者双向交流、互相学习的过程。二是更新灌输的内容。既要灌输马克思主义基本原理，更要灌输创新的理论内容。灌输的内容应与时俱进，富有时代特色和现实感召力，有助于解决大学生的思想和实际问题。只要灌输的理论能够代表时代前进的正确方向，就一定会收到好的效果。三是创新灌输手段。不仅要通过传统的思想政治教育途径来灌输，更要大力提高灌输手段的现代化水平和信息化程度，充分利用报刊、广播、电视、网络等现代化传媒手段，形成多层次、全方位的灌输网络系统。

（2）典型教育法（榜样教育法）也是传统思想政治教育的基本方法，在思想政治教育中收到了良好的教育效果。传统思想政治教育非常重视树立先进典型的方法，雷锋、焦裕禄、孔繁森等曾激励了一代又一代人。榜样的力量是巨大的，每一个时代都有典型人物。在当代社会，应该运用与时俱进的眼光，重新树立典型的标准。

典型应该具有永恒的意义，富有人情味和符合人性，典型不应该不食人间烟火，脱离广大人民群众的思想实际。而要让人们看到，典型人物就生活在自己的身边，每个人都可以学习典型。除了树立那些具有共产主义远大理想的人物为典型，还应多宣传那些身处逆境，仍自强不息、顽强进取的人物，那些表现了人类精神光辉的典型人物。我们要把典型教育法赋予时代特征，使其符合时代要求，以期达到高校思想政治教育的最佳效果。

二、借助网络新媒体技术，实现高校思想政治教育手段创新

在经济全球化、政治多极化、社会信息化、文化多样化的时代大背景下，传统的说教式、灌输式的教学模式已不能适应时代的发展。借助信息网络新媒体技术实现高校思想政治教育手段的创新就成为一大趋势。现代网络新媒体高超的技术特性，是传统思想政治教育的技术和手段无法比拟的。它能随时随地地将文本、声音、图像、电视信息传递给设有终端设备的任何地方、任何人，网络中的每个人既是信息的接受者，又是信息源的提供者，这为新时期高校思想政治教育提供了一片崭新的天地，也带来了难得的创新契机。可以说，在信息全球化的今天，过去那种"嘴喊、腿跑、手抄"的体能型模式，"以时间换空间"的思想政治教育模式，已远远落后于时代的发展要求。充分利用网络等新媒体技术，实现高校思想政治教育方法的现代化，就成为时代发展的必由之路。

（一）利用现代高科技手段，促进高校思想政治教育方法的科学化

作为思想政治教育的有效载体，广播、电视、报纸、报刊在思想政治教育工作中发挥了巨大的作用，今后我们还应充分发挥这些传统的大众传媒在唱响主旋律、营造工作氛围方面的重要作用。信息网络技术的迅速发展，为高校思想政治教育工作方式、方法的创新提供了现代化的手段，拓展了大学生思想政治工作的空间和渠道。但是开放的网络是一把"双刃剑"，网上既有大量科学、进步、健康、有益的信息，也有许多迷信和伪科学的内容。因此，我们要加强对信息的网络监管和利用，使其提高时效性，扩大覆盖面，增强影响力。

（1）充分认识网络功能的时效性，实现高校思想政治教育方法创新。网络时代对思想政治教育提出了更高的要求，要实现高校思想政治教育方法的创新，必须注意以下几点：首先，更新观念，充分认识网络功能的时效性，以开放的心态正视互联网所带来的挑战，努力掌握网络知识；其次，利用网络，把握受教育者的思想脉络及其规律；再次，运用网络，构建具有鲜明马克思主义观点的思想政治教育网站系统，大力开发思想政治教育软件，使之成为思想政治教育的重要渠道；最后，利用网络多媒体技术，使思想政治教育内容化抽象为具体、化枯燥为有趣、化难为易。

（2）充分利用网络多媒体的交互功能，积极开展网络高校思想政治教育。计算

机多媒体技术可以把抽象变成形象，一切都充分展现在教育对象面前，使事与理、情与理、形与声、形与神等有机地交融在一起，以丰富多彩、生动活泼的形式，给思想政治工作对象留下鲜明清晰的视觉印象，从而增强工作的吸引力和感染力。此外，可以尝试将思想政治理论课开办到网上，或制作生动直观的多媒体教育软件，直接在网上开展思想政治教育课程。

高校思想政治教育工作者必须努力掌握高科技技术，充分利用高科技技术，才能更好地完成思想政治教育任务。必须高度重视、充分研究、迅速占领和利用好网络这一阵地，开展网上讨论、网上问答、网上授课、网上谈心，开发思想政治教育理论软件，使网络成为思想政治教育的主阵地。另外，要加强网络法规、网络道德、网络文化的研究和建设，有效防范和打击网络犯罪，努力营造一个网络顺利、安全运行的优良环境，发挥网络思想政治教育的作用。

（二）运用现代网络媒体阵地，拓展高校思想政治教育形式

运用现代网络媒体阵地，有效开展多种多样的思想政治教育，关键在于思想政治教育工作者需要及时转变教育观念，紧跟时代发展的脚步，善于掌握新技术，适应信息时代发展的需求。网络的出现和发展，是信息时代发展的必然结果。网络所形成的是一个具有开放性技术架构的生存空间，正如《互联网简史》一书提出的："互联网的关键概念在于，它不是为某一种需求设计的，而是一种可接受任何新的需求的总的基础结构。"正是由于网络基础架构的开放性和人的需求的无限性，激发着人们不断创造出新的网络应用技术。而每一种网络技术的广泛应用，都会形成一个由网络技术媒介与相应的用户群体以及信息内容组成的微观信息系统。这些微观信息系统，实际上就是一个新的思想政治教育场域。随着网络技术的不断创新和发展，这些新的场域也处在动态的发展变化之中。

因此，在这个新的技术革新浪潮时代，思想政治教育工作者必须具有前瞻意识，把握科技创新的时代脉搏，主动发挥每一种新的技术力量的教育价值，实现对技术应用的积极引导和网络教育场域的主动营造，这是当前高校思想政治教育工作发展的正确策略选择。

（1）注重把教育理念和价值观念渗透到校园网络文化的建设之中。大学生群体是一个同质性很强的特殊社会群体，他们在年龄、心理特点、兴趣爱好、行为方式等方面都比较接近，有着较为一致的文化需求，校园文化正是大学生文化生活需求的反映。作为应对社会大众文化冲击的一种"防卫性反应"，鼓励大学生在网络空间上积极建设校园网络文化，在校园网络上建构出自己的学习、生活和交往场所，创造和发展着属于自己的网络精神文化空间。作为高校思想政治教育工作者，要主动参与和引导校园网络文化的建设和发展，把主流价值观渗透在校园网络空间中，增强大学生在网络文化中的归属感和认同感，发挥大学生们在校园网络文化建设中的积极性和创造性。

（2）注重把先进的思想文化渗透在技术创新和应用之中。互联网已经成为大学生日常生活的重要组成部分，不断创新和发展的网络文化，对大学生有着巨大的吸引力和影响力。互联网技术本身的开放、创新、共享、平等价值以及丰富多样的网络内容，是影响大学生思想和行为发展的重要因素，他们对于网络文化有着浓厚的兴趣和积极接受的心理，并充满着创造崭新文化内容的积极性。因此，高校思想政治教育工作者应积极利用多媒体技术，充分发挥校园网络文化产品的吸引力，把先进的思想文化渗透到课堂教学和网络传播过程中。

（三）利用现代传媒技术，提升高校思想政治教育的实效性

如今，微信和QQ已成为人们交往的一种便捷方式，可以作为日常沟通交流的工具，弥补语言通话的不足，还可以传递新闻、服务信息，与广播、电视、互联网等其他媒体实现互动等。对于乐于追求时尚和潮流的大学生群体来说，手机媒体已成为他们生活的重要组成部分；对于高校思想政治教育工作者来说，运用手机媒体的独特优势开展思想政治教育工作更是很好的办法。可以说，微信和QQ等社交媒体的兴起，极大地丰富了大学生的业余生活，促进了他们的人际交流和沟通，但一些不良信息也严重影响着大学生的健康成长。对此，高校思想政治教育工作者就需要趋利避害，有效利用手机媒体及网络平台，及时帮助大学生自觉屏蔽不良影响，净化校园手机网络环境。

（1）创建高校手机微信平台，开展校园微信文化活动。高校手机微信平台是在思想政治教育中孕育而生的，它的诞生既有其偶然性，又有其必然性。各学校或学院团委、学生会、社团以及学生党支部，为了宣传各自的活动信息，建立了微信公众号，这就是高校使用微信平台的初始原因。这些微信公众号在发展的过程中，其凝聚力和影响力逐步提高，除正常的宣传活动外，更是逐步具有了大学生舆情监控、思想引领的重要作用，对高校思想政治教育具有积极的意义。

开展校园微信文化活动，应加强以下几个方面的工作：一是组建校园微信创作队伍。选拔科学文化素质高、思想政治素质过硬的教师、政工干部、辅导员、学生

干部等组成微信创作小组，编写、搜集科学健康、积极向上的微信，并在恰当的时间发送给学生。二是建立多层次的校园微信平台。建立以校级、院级、年级、班级为单位的手机微信平台，层层联动，保证短信平台覆盖高校每一位学生，取得校园微信文化的教育效果。三是建立校园微信数据库。微信创作小组可以根据微信内容进行筛选，挑选优秀的内容输入微信数据库，并及时更新微信内容，确保所有大学生在特定的时间里，都能够收到校园微信平台发布的微信。

校园微信文化活动以创建文明健康的微信为宗旨，活动方式可以根据各高校的自身条件自主选择，如校园微信宣传活动、校园微信征文活动、校园微信创作比赛等。在校园微信文化活动的开展过程中，鼓励大学生参与到校园微信的创作中来，对校园微信文化提出自己的意见和建议。通过自己动手编写微信，大学生可以更加深刻地理解校园微信文化的内涵，更加自觉地接受校园微信文化的熏陶，从而有效地净化校园微信文化环境，提升大学生的微信文化品位，使大学生从根源上抵御不良微信的侵蚀，让不良微信失去生存土壤，发挥高校思想政治教育的育人作用。

（2）建立健全微信保障机制，促进校园微信文化发展的正确方向。为了保证校园微信的正确舆论导向，高校必须处于领导监管地位，建立健全保障机制，在此基础上有组织、有目的地给予学生组织及个人相应的管理权限。高校应加大对微信平台技术、设备维护的资金投入力度，强化微信在高校育人中的主动地位；应建立一套符合自身情况的保障系统，包括官方主管部门、舆情监管部门、学生舆情监控反馈体系等；还应辅以相应工作奖惩机制，以及工作能力和思想政治理论考核等。

校园手机微信平台的建立，有助于开展高校思想政治教育，加强对大学生的教育和管理。但只有建立健全微信保障机制，才能保证微信平台在高校育人舞台上的顺利发展，达到事半功倍的效果。微信保障机制在传播校园微信文化的过程中，发挥着举足轻重的作用，是实现微信创新发展的坚强后盾，也是促进校园微信文化正确发展的有力保障。

（3）科学把握微信发布时机，取得高校思想政治教育的良好效果。在恰当的时机，一般是指重大节假日、重大社会事件的发生以及特定大学生群体活动等，发布具有思想政治教育意义的微信，就会取得良好的教育效果，激发大学生的学习热情和爱国情操。

在重大节假日发布节日祝福微信，将思想政治教育内容融入其中，可以使大学生在接受节日祝福的喜悦中，积极地将思想政治教育的内容内化吸收。诸如在春节、端午节、中秋节等传统节日到来之际，高校思想政治教育者可向大学生发送节日短信，在表达节日祝福的同时，将中华民族的优秀传统文化融入其中，让学生们增强爱国主义热情，倍加珍惜现在的幸福生活。

同时，国内外重大事件的发生也会引起大学生的广泛关注，高校思想政治教育工作者应及时把握时机，及时发布相关信息，提高大学生的思想认识。此外，在一些特殊时期，包括新生入学之际、每学期期末考试之时、毕业生择业之季，大学生都面临着不同程度的压力或困惑，高校思想政治教育工作者可通过手机微信对学生进行即时疏导，因势利导，给予鼓励和宽慰，做大学生前进道路上的知心人和引路人。

（四）占领网络教育制高点，把高校思想政治教育融进网络

现代网络的发展为高校思想政治教育工作提供了新的工作载体和手段，开辟了新的空间和新的渠道，是我们大力弘扬主旋律的主要阵地，所以高校思想政治教育必须积极占领网络教育的制高点。中国互联网信息中心发布的报告显示，在数以千万计的网民中，大学生是最活跃的群体。互联网是一柄"双刃剑"，给校园文化传播带来便利的同时，也带来了丰富、庞杂的信息，这些信息极大增加了高校思想政治教育工作的难度。不少大学生把网络作为在校园中发表言论、交流感情的主要场所，这对他们的学习、工作、生活和思想观念产生着深刻的影响。网络使得学生的社会化程度得到很大的提高，但许多学生对网络的负面影响缺乏足够的认识。

1. 加大高校思想政治教育进网络的力度

一方面，要加强大学生网络道德教育，加强国家有关互联网管理的法律法规的宣传教育。制定大学生互联网道德规范，开展大学生健康上网自律承诺活动，自觉遵守网络道德，告别不健康网吧。另一方面，要建好高校德育、教育网站。要密切关注和研究信息网络发展的新动向，善于运用网络开展工作。

2. 在校园网上开设高校思想政治教育网站

充分利用校园网络，开设网络互动栏目，开展互联网知识竞赛、网页设计竞赛等活动，用正确、积极、健康的思想文化充实和占领网络阵地，不断提高思想政治教育网站的点击率和影响力，让高校思想政治教育内容在"进教材、进课堂"的基础上"进网络"，拓展思想政治教育的渠道和途径。充分利用校园网络平台，给学生提供一些与国家、民族或学生自身利益息息相关的热点问题，让他们积极参与讨论，增强高校思想政治教育的针对性和实效性。当前，高校思想政治教育主要靠思想政治理论课老师和辅导员来完成，其他专业课老师都在思想政治教育的责任之外，存

在着资源分散、未成合力的现象。从领导主体上看，存在着"上热下冷"的倾向问题；从教师主体上看，缺乏解决学生深层次问题的能力；从学工队伍主体来看，存在着重行政管理、轻思想教育的问题；从大学生主体来看，存在着积极进取与信仰迷茫并存的思想政治状况问题。因此，要使学生发挥自我投入意识、自觉地进行自我教育，需要学校为学生提供和谐有序的校园环境，以健康向上的校园文化为载体，调动大学生对思想政治教育的积极参与，同时家庭与社会也要为思想政治教育创造良好的外部环境。

三、借鉴其他学科和外国方法，优化高校思想政治教育方法

思想政治教育是一门跨学科多领域的边缘交叉科学，它必然也应该吸收这些学科领域的方法。例如，高校思想政治教育吸收心理学的心理咨询方法，可以回答人们思想心理中存在的问题，对医治心理和思想疾病，能够起到很好的思想政治教育作用。高校思想政治教育吸收法学的制度管理方法，可把思想政治教育与制度的规范、激励、约束结合起来，在制度基础上解决人们的思想问题，通过健全制度来巩固思想政治教育成果，推进思想政治教育制度化建设，建立适应时代发展的良性运行机制，使思想政治教育有法可依，有章可循。高校思想政治教育还应该借鉴和吸收伦理学的品德修养方法，行为科学的激励方法，人才学的人才发现和培养方法，教育学的教育方法，管理学的管理方法等，它们都为思想政治教育方法创新提供了源泉。高校思想政治教育工作者要把这些学科领域的方法整合创新为思想政治教育方法，以达到思想政治教育方法的优化。

思想政治教育还应吸收外国先进的思想政治教育方法。例如，美国、西欧主要利用榜样的作用，如优秀文学作品和名人故事；日本学习了中国的思想政治教育和儒家思想，再融合其拼搏精神，形成了日式的企业思想管理方法。此外，日本的校园文化建设、企业文化建设更是独具特色，这些方法都值得我们学习和借鉴，并加以运用到高校思想政治教育中。

四、健全思想政治教育系统工程，加强高校思想政治教育力度

思想政治教育是一项系统工程，如果按其所涉及的社会范围和社会途径来划分，则包括家庭教育、学校教育和社会教育三个方面。因为一个人的成长过程，要受到

家庭、学校、社会等多方面的影响，三者构成了思想政治教育的一个复杂的综合系统。因此，要加强高校思想政治教育，需要学校为学生提供和谐有序的校园环境，同时家庭与社会也要为思想政治教育创造良好的外部环境，才能调动大学生对思想政治教育的积极参与和自我教育。

第一，家庭教育是思想政治教育的第一要素。家庭是社会的细胞，是个人成长的摇篮，也是个人出生后的第一所学校，父母则是孩子的第一任老师。父母的思想、言行和关爱，对子女良好思想、品德的养成具有巨大影响。"孟母三迁""岳母刺字"的故事，说明了家庭教育的重要作用；《三字经》中"养不教，父之过""苟不教，性乃迁"的教诲，也说明家庭教育的重要意义，因为家庭教育对学生以后的成长起着不可估量的作用。

现代大量统计数据表明，青少年犯罪往往与家庭教育的严重缺失密切相关。但是，在当代中国社会中，家庭组织与之前相比发生了变化，独生子女增多。家长对子女往往溺爱，不利于他们健康成长；家庭的稳定性也大大削弱，如单亲家庭等，对学生成长产生了不利影响。因此，高校思想政治教育应高度重视这些变化，这对促进学生的全面发展至关重要。

第二，学校教育是思想政治教育的最大因素。学校是有目的、有计划、有组织地向受教育者传播社会规范、道德观念、价值观念以及各种知识技能的场所。在这里，受教育者要掌握一定的知识技能，掌握谋生的基本本领，也要塑造完美的人格，锻炼健全的体魄，为踏入社会做好精神上的准备。学校教师对学生的影响是最大的，因为学生的大部分时间是在学校里度过的。为此，教师不仅要传授知识，而且要以自己的行为和情感影响学生，在思想上、政治上、生活上关怀学生，从而建立起深厚的师生情谊，这对学生养成好思想、好品德能起到潜移默化的作用。

但是，现在学校思想政治教育存在弱化的趋势。一方面，学校本身对思想政治教育不够重视，只重升学率，重智育轻德育；另一方面，学校与社会的"围墙"几乎不复存在，社会上的不良现象对学生的影响也越来越大。所以，高校必须高度重视大学生思想政治教育，加强思想政治教育的针对性和有效性，提高思想政治教育工作者的理论修养和实践能力，不断创新思想政治教育形式，增强思想政治教育的效果。

第三，社会教育是思想政治教育的必备元素。社会教育是学校教育的重要补充，大学生思想政治素质的提高，离不开社会各界的关爱。良好的社会教育有利于对学生进行思想政治教育。教师可以根据学生的爱好，有意识地引导他们参加校外教育机构的专门活动，使学生在自己爱好的活动中施展才华、发展特长、增长聪明才智，进而独立运用自己的知识和智慧去发现问题、分析问题、解决问题，为学生的全方位发展提供一条新路。因此，社会教育对广大学生的成长成才来说，具有极其重要的现实意义。

第四章　高校思想政治教育工作队伍建设创新

拥有一支优秀的高校思想政治教育队伍是做好思想政治教育工作的根本保证。高校思想政治教育工作者组成的队伍，是高等学校教师和管理队伍的重要组成部分，是大学生思想政治工作的组织者和指导者，也是高校思想政治各项制度措施的实施者。这支队伍的优劣及稳定与否，直接关系到高校思想政治教育的成效。

第一节　高校思想政治教育队伍

高校思想政治教育是一项系统工程，关系着大学生未来的发展，也关系着整个国家和民族未来的发展。高校必须有一支专门的思想政治教育工作队伍，这支队伍的每一个成员都扮演着思想政治教育者的角色，承担着对大学生进行思想政治教育的责任和义务。

一、高校思想政治教育队伍的含义

高校思想政治教育工作者是根据社会主义事业发展的要求，用马克思主义的政治观、世界观、人生观、道德品质和法纪意识，向大学生进行有目的、有计划、有组织的教育活动，以提高大学生思想道德素质的人，是高校思想政治教育实施的主体。广义上，高校思想政治教育队伍是高校思想政治教育工作者的集合体，包括高校的全体党员、干部、教师等；狭义上，高等学校思想政治教育队伍则是指正式从事高校思想政治教育的人员组成的群体。高校思想政治教育队伍作为高校思想政治教育的主体，在高校思想政治教育工作中发挥着主导作用。

二、高校思想政治教育队伍的主体

高校思想政治理论课教师、辅导员和班主任、学业导师、专业课教师，是开展高校思想政治教育工作队伍的主体。

（一）高校思想政治理论课教师

思想政治理论课不是一门一般的知识性课程，而是一门政治性、意识形态性很强的课程，其性质决定了思想政治理论课教师必须具有坚定的政治立场和正确的政治方向。

1. 加强高校思想政治理论课教师的历史使命感

高校思想政治理论课是对大学生进行思想政治教育的主渠道。高校思想政治理论课教师必须正视自己的历史使命，积极主动地引导大学生坚定对马克思主义的信仰、坚定对社会主义的信念、增强对改革开放和现代化的信心、增强对党和政府的信任。

（1）引导学生坚定马克思主义的理论信仰。高校思想政治理论课教学的目的是引导学生学习和信仰马克思主义。这就要求教师自己首先是一个坚定的马克思主义者。坚定马克思主义的理论信仰，是思想政治理论课教师的精神支柱，是思想政治理论课教师素质结构的灵魂。对马克思主义的坚定信仰，就是发自内心地相信马克思主义理论的正确性，并自觉地运用马克思主义理论武装自己的头脑、指导自己的行动，无论何时何地，在何种情况下，都能旗帜鲜明地坚持马克思主义，毫不动摇地传播马克思主义。

对待马克思主义，高校思想政治理论课教师应有这样的精神境界：真信而不是口是心非，真学而不是浅尝辄止，真懂而不是言不及义，真干而不是见异思迁，真用而不是言行不一。真学、真懂、真干、真用，均来自真信，即对马克思主义的坚定信仰。这是思想政治理论课教师立身、治学和执教之本，是搞好工作的强大精神动力。真信，才能忠诚于党的理论教育事业，有在理论教育的岗位上建功立业的决心和行动；真信，才能产生从事理论教育的自豪感，产生正确阐述和宣传马克思主义的责任感；真信，才能有钉子的钻劲和挤劲，刻苦攻读马克思主义经典著作；真信，才能言行一致，做一个彻底的马克思主义者。高校思想政治理论课教师必须坚定马克思主义信仰，这是从事马克思主义理论教育工作的起码条件，只有真正确立马克思主义的坚定信仰，真正充满对理论教育事业的无限热爱，才能使受教育者在敬佩和信服中接受理论教育。

（2）引导学生坚定对社会主义的信念。信念是人们不断前进的精神动力。中国的大学生是社会主义浪潮中的一员，是社会主义事业的建设者和接班人。高校思想政治理论课教师必须引导大学生对社会主义形成正确的认识，坚定对社会主义的理想信念，为投身社会主义现代化建设提供不竭的精神动力。

（3）引导学生增强对改革开放和现代化的信心。改革开放是强国之路，为中国社会找到了一条独立自主地走向社会主义现代化的康庄大道。在改革开放的进程中，中国人民不断开拓创新，在物质文明、精神文明、政治文明、社会文明、生态文明等方面都取得了举世瞩目的成就，推动了现代化建设的稳步前行。高校思想政治理论课教师要正确引导大学生增强对改革开放和现代化建设的信心。

2. 提高对高校思想政治理论课教师的教学要求

作为大学生的必修课程，思想政治理论课是帮助大学生树立正确的世界观、人生观、价值观的重要途径，体现了社会主义大学的本质要求。高校思想政治理论课教师在教学中，必须充分体现马克思主义中国化的最新成果，结合中国特色社会主义现代化建设的实际情况，联系大学生的思想实际，不断改进教学方法和教学手段，充分发挥思想政治理论课的主要作用，促进大学生形成正确的思想观念、政治观点和道德品质。高校思想政治理论课教师在教学中应注意的问题：

（1）提高教学的艺术水平。高校思想政治理论课教师应当具备正确阐述马克思主义理论的能力，掌握思想政治理论课教学的特点、规律和方法，根据大学生的心理特征和认知特点，善于运用科学的教育策略和教学方法，不断提高教学艺术水平。这是搞好高校思想政治理论课教学的内在要求，也是高校思想理论教育工作者必备的素质。高校思想政治理论课教师要运用灵活多样的教学方法，充分发挥学生学习理论的主体作用，引导学生主动参与课堂讨论，激发学生内在的学习动力；根据特定教学内容，组织学生适当研读原著或观看影视片段；运用网络、多媒体等新的渠道和手段，使教育视野更宽阔、教育资源更丰富、教学手段更先进。

高校思想政治理论课教学必须改变简单说教和硬性注入的授课模式，充分挖掘思想政治理论课蕴含的深厚内涵和感情资源，贴近大学生的学习和生活实际，切实对大学生的成人成才起到润物细无声的作用。同时，高校思想政治理论课教师要有高超的语言表达能力，授课时丰富生动，活泼激情，符合学生的接受心理和接受水平。只有这样，高校思想政治理论课教学才有活力、才有吸引力和感召力。

（2）抓好实践教学环节。实践教学是课堂教学的延伸，要通过形式多样的实践教学活动，提高学生的思想政治素质和观察分析社会现象的能力，达到深化教育教学的效果。不同课程的高校思想政治理论课教师，应该对思想政治理论课程进行整体规划和具体设计，制订合理的理论教学和实践教学计划，确定恰当的实践教学时间和教学内容。

对实践教学时间和内容不一定非要进行硬性规定，而是要根据各门课程的课时量来划分实践教学时间和内容，可以将几门课程的实践教学时间整合在一起，也可以把几门课程的教学内容融合在一起，引导学生积极参加实践教学活动。在进行实践教学时，教师必须参与到学生的实践中，随时指导学生的实践活动，引导学生运用所学的知识认识和分析各种社会现象，培养学生理论联系实际的能力和正确的思想政治认知。

（3）具备完善的知识结构。高校思想政治理论课教师必须具备相对完善的知识结构，这是思想政治理论教育取得成功的重要条件。高校思想政治理论课教学是一项专业性、思想性和科学性极强的实践活动，思想政治理论课教师必须具有扎实的马克思主义理论功底，能够熟练掌握思想政治理论课教学的理论与方法，并用以解决实际问题。

同时，高校思想政治理论课教师还应当具备丰富的科学文化基础，熟悉教育学、心理学、社会学、人才学、美学、管理学、伦理学等相关专业的理论知识、研究方法和施教方法，了解中西方哲学与历史文化的发展脉络。只有如此，高校思想政治理论课教师讲起课来，才能旁征博引、深入浅出、得心应手、引人入胜，准确地解答学生深层次的思想问题，达到思想政治理论课应有的实效性。

（4）注重培养师生情感。教育不只是教育者与教育对象之间知识的传递和接受，也包括两者间情感的传递和接受。一些高校思想政治理论课教师走入了"教书匠"的误区，上课夹着讲义到点进教室，下课夹着讲义到点出教室，把课堂仅仅作为灌输知识的场所，不注意和学生的交流和互动，更不用说以情感培养作为驱动带提升学生的思想政治素质了。教育者和教育对象情感的交流，能加快、加大教育对象对教育者传递知识的认同速度和力度。

高校思想政治理论课教师应该充分认识到和学生情感交流对教学效果的影响，积极深入到学生的实际生活中，以情感的力量彰显人格的魅力，以人格的魅力提升教学效果。当然，这并不是说，情感培养就足以搞好大学生思想政治理论课教学，教学目的实现的基础是知识的正确性，情感培养主要起辅助性作用，二者相辅相成，方能达到思想政治教育的目的。

（二）高校辅导员和班主任

辅导员和班主任是高校教师队伍的重要组成部分，是高校开展思想政治教育的骨干力量，是大学生健康成长的指导者和引路人。加强辅导员和班主任队伍建设，是加强和改进高校思想政治教育、维护高校稳定发展的重要组织保证与长效机制，对于全面贯彻党的教育方针，把高校思想政治教育的各项任务落到实处，具有十分重要的意义。要从战略和全局的高度，充分认识新形势下加强辅导员和班主任队伍建设的特殊重要性与紧迫性。

1. 加强高校辅导员和班主任为学生服务的意识

有人说辅导员和班主任是"说起来重要，使用起来很重要，没事的时候不重要"，这种观点反映了高校辅导员和班主任所处的尴尬境地。由于高校辅导员和班主任队伍的年轻性和理论修养的不足，直接表现就是队伍的实践经验明显欠缺，长期为学生服务的能力不足。由于他们比较年轻，参加工作实践的时间有限，运用理论知识解决实际问题的能力还没有得到很好的培养和充分的发挥。由于缺乏对学生思想问题的洞察力，对学生中出现的新情况、新问题缺乏敏感性，难以准确地把握问题的实质，从而有效解决学生的各种问题。由于缺乏对学生进行组织的管理能力，对多种教育方法和教育技能也不能够很好地掌握。这些问题都直接阻碍了辅导员和班主任服务学生的热情，也从一定侧面反映了高校辅导员和班主任不能积极主动为学生服务的现实状况。

（1）高校辅导员和班主任应主动为学生服务。作为帮助学生感知社会、认识社会、理解社会的重要角色，辅导员和班主任要根据社会发展的需要，积极主动地为学生的成长成才创造条件，这是高校对辅导员和班主任各方面工作提出的基本要求。但在更多的思想政治教育实践中，辅导员和班主任仅仅起到一个高素质传声筒的作用。上级领导部门将一定的工作要求传达给辅导员，辅导员根据上级指示，采取不同的教育形式开展对学生的教育。辅导员和班主任要在第一时间内准确地获悉学生的所需、所想，主动了解学生的思想动态，并对这些问题进行有效的分析，积极主动地解决学生的思想问题和实际问题，在实践中不断提高应用能力，是他们在今后一段时间内应该努力的方向。

（2）高校辅导员和班主任应帮助学生树立正确的理想信念。大学生是中国社会科学文化水平和精神文化需求较高的重要社会群体，大学生的精神文化生活需要也随着全社会物质生活水平的逐步提高而不断产生和发展。因此，帮助大学生树立正确的世界观、人生观和价值观，积极引导学生不断追求更高的目标，是高校辅导员和班主任的主要职责与任务。

（3）高校辅导员和班主任应帮助学生养成良好的道德品质。高校辅导员和班主任应经常性地与学生开展谈心活动，引导学生养成良好的心理品质和自尊、自爱、自律、自强的优良品格，以增强学生克服困难、经受考验、承受挫折的能力，有针对性地帮助学生处理好学习成才、择业交友、健康生活等方面的具体问题，提高大学生的思想认识和精神境界，为以后的工作和学习打下坚实的基础。

（4）高校辅导员和班主任应服务于职责范围内的所有学生。高校辅导员和班主任作为学生思想问题的解惑者、人生发展的导航者，不是属于个别或某一小部分学生的，他们的教育对象应该覆盖所承担教育任务的所有学生。但一部分辅导员和班主任在班级管理中，一直沿用"抓两头，带中间"的工作方法，即抓班级干部，让其发挥带头作用；关注犯过错误的学生，争取让他们少犯错误；而对于占多数的中间学生，辅导员和班主任或是放心，或是没有时间过问，这实际上缩小了教育对象的范围。辅导员和班主任承担着为社会培养人才的任务，体现着为社会服务的价值，应该有全局观念和大局意识，为所有的在校大学生服务。

（5）高校辅导员和班主任应树立长期为学生服务的意识。作为大学生思想政治教育工作第一线的辅导员和班主任，很大一部分人比较年轻，他们中很少有人把这个职业作为自己终身的选择。他们抑或仅将这一岗位作为自己未来发展的一个跳板，抑或仅是服从上级要求，在思想上也就缺少长期从事该行业的准备，行动上必然不能充分发挥他们应有的作用。一旦有机会，他们就可能放弃自己原有的辅导员和班主任工作，去从事新的职业。

同时，由于高校辅导员和班主任队伍来源的多元化，很大一部分辅导员和班主任没有进行过思想政治教育专业学习，甚至从来没接受过教育科学、心理科学的学习，理论修养的严重不足，直接导致了他们工作的盲目性与被动性。因此，建立一套合理的辅导员和班主任用人机制，稳定辅导员和班主任队伍，提高辅导员和班主任服务学生的素质，是保证高校辅导员和班主任长期为学生服务的重要前提。

2. 加强高校辅导员和班主任队伍的培养工作

加强高校辅导员和班主任的培养工作，是加强辅导员和班主任队伍建设的关键。

高校要重视辅导员和班主任的选拔、培养与任用，使他们干事有平台、发展有空间，从而充分调动他们工作的积极性和创造性。

（1）加快高校辅导员和班主任的职业化进程。辅导员和班主任职业化是高校对思想政治教育提出的一个迫切要求，也是辅导员和班主任工作能够在高校更有效地发挥作用的一个重要举措。高校辅导员和班主任的职业化建设，是以职业的形式向辅导员和班主任展示了从事这一职业的美好前景，能有效稳定辅导员和班主任长期从事这一工作的思想。在一定程度上，职业化进程可以使辅导员和班主任安心于本职工作，无形中可以增强他们的服务意识。

（2）提高高校辅导员和班主任的综合素质。辅导员和班主任综合素质的提高，是增强辅导员和班主任服务意识、提高辅导员和班主任服务能力的坚强柱石。良好的政治素质是辅导员和班主任培养符合社会发展需要的有用人才的关键因素。注重培养辅导员和班主任符合社会发展需要的政治素质，使他们能够始终保持清醒的政治头脑，帮助大学生们正确认识各种社会思潮，培养大学生们明辨是非的能力。良好的道德素质是辅导员和班主任工作能否起到实效的重要因素。辅导员和班主任是道德规范的示范者，他们良好的道德素质是开展思想政治教育必不可少的前提条件之一。丰富的知识素质是辅导员和班主任能否做好工作的一个核心因素。辅导员和班主任要掌握丰富的科学文化知识，努力成为有知识、懂业务、胜任本职工作的内行。

除了具备牢固的马克思主义理论知识、宽广的相关学科（如社会学、教育学、心理学、政治学等）知识外，高校辅导员和班主任还应该具有扎实的思想政治教育专业知识，以及相关的思想素质、法律素质、能力素质等。这些素质的培养，除了需要辅导员和班主任自身努力学习与亲身实践外，还需要高校创造一定的条件，促进他们的成长和发展。对高校辅导员和班主任队伍综合素质的培养，不能坐等辅导员和班主任职业化的成熟，更不能试图等待新的力量对这支队伍的替代，而应该采取多种多样的教育形式，不断地提升辅导员和班主任的服务意识。

（3）制定高校辅导员和班主任工作交流制度。结合实际情况，制定高校辅导员、班主任工作交流制度，具体应着重考虑三个方面的因素：一是定期交流与不定期交流相结合，考虑到辅导员、班主任兼有教学工作，定期交流不宜太频繁，一般建议每月一次，同时鼓励辅导员、班主任平时加强工作交流。二是给辅导员、班主任配备相对固定的办公室，提供相互交流的场所与工作协作平台。三是让辅导员和班主任在实际的班级工作中开展交流与配合，可规定辅导员和班主任在班级重大活动中必须全程参与，便于其在具体的工作实践中交流工作，在现实的工作环境中学会相互配合。

（三）高校学业导师

现代意义上的导师制最早形成于 19 世纪的牛津大学，它的教育理念是以学生为中心，通过对学生的个别辅导，培养学生独立思考的能力，使其成为有独立思想的人。在中国，长期以来，导师制主要是针对研究生教育的。近年来，随着全国范围内各级各类学校招生规模的不断扩大，各高校本科阶段教育面临着前所未有的挑战。为培养更多更好的人才，自 2002 年北京大学、浙江大学全面实行大学生导师制以来，许多高校都开始在本科教育中推行导师制。

1. 发挥导师制在高校思想政治教育中的功能作用

"导师"是学生学习、生活、成长与成才的"引路人"。导师制由专任教师担任导师，师生通过双向选择确立导学关系，导师根据学生的个性特点，从学习、思想、心理等方面引导学生。不管是引导学生树立正确的学习观、培养学生适应社会的各种能力，还是使学生有一个好的心理状态，都有一部分工作属于思想政治教育的范畴。在师生导学过程中，能否有效地促成学生的思想观念、政治观点、道德行为符合社会发展要求，是衡量大学生导师制成功与否的重要标准。

（1）导师是大学生思想政治理论的传授者。"师者，所以传道授业解惑也"。"传道"是思想教育工作者的基本职能。思想教育活动的实质就是将社会所要求的思想品德规范转化为受教育者个体的思想品德；而在思想政治教育过程中，社会所要求的思想品德规范主要是通过思想政治教育者传导给受教育者的。因此，向教育对象传导社会要求的价值观念、政治观点、道德规范，就成为思想教育工作者的重要职能。高校思想教育工作者首先必须全面理解和把握社会规范，并根据社会发展的要求和教育对象的思想实际，对社会规范进行整合、转换与创新，以形成适合教育对象的教育内容。这种传授不应当只是社会规范的简单告知，而应是包括对社会规范的内涵、价值和意义的诠释，对受教育者在生活实践中根据角色的规定和情境的要求，恰当地践行社会规范能力的训练等。

（2）导师是大学生生活的指导者。大学阶段是学生人生的过渡期，要完成从学校走向社会的转变。在这个阶段，大学生开始更多地接触社会，更多地注重培养自己多方面的能力，以便更好地为将来走向社会打好基础。无论是学校还是外界社会环境，都直接地向大学生提出了人际交往、理论用于实践、职业规划等能力要求。

导师作为大学生生活的指导者，及时引导学生有效处理校内和校外社会实践中遇到的各种挑战，为学生进入社会打好基础是其重要的职责。

（3）导师是大学生心理的疏导者。大学生在情感方面会有很多不解。基于性生理的逐步成熟，大学生对于异性的好奇和向往心理加重，甚至他们中间一部分人有了自己的恋人。尚未进入和已经跨入爱情大门的人，都有各自的困惑。期盼进入社会又恐惧进入社会，是大学生的又一个普遍心理。作为大学生心理的疏导者，引导学生树立正确的恋爱观，建立对社会的正确认识，帮助学生及时疏通各种心理问题，使学生保持健康心理，这是大学生导师的重要职责。

（4）导师是大学生社会实践的组织者。社会实践是人的社会化过程中的重要环节，大学生社会实践就是按照高等教育目标的要求，有组织、有计划、有目的地引导大学生深入实际、深入社会、深入生活，从而全面提高其综合素质的一种教育活动。社会实践对大学生了解社会、了解国情，增长才干、奉献社会，锻炼毅力、培养品格具有不可代替的作用，因而组织好各种社会实践活动，是高校思想政治教育工作者的重要职能。

2. 注重导师制在高校思想政治教育中的培养途径

目前，导师制人才培养模式在各高校本科教育中还处于探索阶段。强化本科生导师制的思想政治教育功能，培养大学生符合社会发展要求的思想观念、政治观点、道德规范，是为社会输送高素质人才的有效途径。为了更好地推行本科生导师制，充分发挥导师在大学生良好的思想政治品德培养方面的作用，我们应该从以下几方面入手：

（1）导师要具备高尚的师德情操。导师要严格要求自己，牢记"学高为师，身正为范"的古训，注意提高自身的综合素质，树立正确的人生价值观和职业道德观，担当崇高的教书育人责任，提倡高尚的无私奉献精神，既重言传、更重身教，坚持以身作则，用自己的品德、修养、情操、作风、仪表，对国家、人民和社会认真负责的态度，为大学生作出好的表率，使大学生不仅要学会"做事"、更要学会"做人"，对大学生良好品德的形成和发展，起到耳濡目染、潜移默化的作用。

（2）导师要明确思想政治教育职责。在一些学校的本科生导师制方案中，明确地规定了导师负有对大学生进行思想政治教育的责任，但依然有部分导师对这一职责的认识不够深刻，出现了重专业辅导、轻思想政治教育，或仅专业辅导无思想政治教育的现象。明确导师的思想政治教育职责，提升导师的思想政治教育意识，是导师制充分发挥思想政治教育功能的重要环节。

高校可以通过会议、座谈等形式，了解导师在提升学生的思想政治品德方面进行的工作，进一步强调导师的思想政治教育工作在学生符合社会发展要求的思想政治品德形成中所起的重要作用，同时可以将思想政治教育意识比较浓、思想政治教育工作做得比较好的导师树立为典型，对之进行宣传。这样做的目的，一方面让老师认识到自身所负的思想政治教育职责，有意识地在各种教育过程中渗透思想政治教育；另一方面让学生清楚地知道，在学习、生活、心理等方面出现困惑时，可以积极主动地找导师交流。

（3）导师要加强思想政治教育素养。导师的素养包括知识素养、能力素养、思想政治教育素养等。从导师制的思想政治教育功能角度出发，要想有效地进行思想政治教育，导师必须具有高尚的人格、广博的专业知识、扎实的马克思主义理论知识、一定的思想政治教育专业知识。导师应该不断注重提升自己的道德修养，积极主动地掌握教育学、心理学、人际关系学等相关知识，以便更好地"用心沟通、以德树德；竭诚交流、以情动情；刻意磨炼、以志励志；修身垂范、以行导行"。高校可以通过举办培训班和学习班，帮助导师提高思想政治教育技能，使其能更好地遵循大学生身心发展特点和规律，将思想政治教育和大学生学习、生活紧密结合起来，与大学生的思想特点和内在精神需求结合起来，引导大学生科学地处理各种问题。

（4）导师要鼓励学生参加各种社会实践。社会是一所更能锻炼人的综合性大学，只有正确引导学生投身到社会实践中去，才能使学生发现自身的不足，为今后走出校门、踏进社会创造良好的条件，才能使他们学有所用，在实践中成长成才，并有效地为服务于社会体现大学生的自身价值。导师在指导学生应用专业知识、提高实践能力的同时，应启发学生关注社会现实，关心群众疾苦。

（5）导师要加强与其他教育力量的交流。人的思想政治品德的形成，受到多方面因素的影响。大学生思维活跃，对外界事物接受快，但又缺乏明辨是非的能力。导师应该深刻地认识到学生的这一特点，充分发掘各种思想政治教育力量，正确引导自发影响因素，合理利用自觉影响因素，加大与其他教育力量的交流，形成思想政治教育的网络体系。例如，导师可以联系一些单位，让学生参加社会实践，让学生通过实践检验知识，体验生活。导师要对学生在实践中获得的道德认知进行及时的引导。又如，对学生中出现的普遍问题或难点问题，导师可以联合辅导员、任课教师和其他导师进行集体会诊，群策群力，共同解决。

（四）高校专业课教师

教师的为人师表，是由教师的职业性质决定的。教师在工作中的忘我精神、严谨态度、人格魅力等，都是学生效仿的重要方面，甚至某一句话、某一个鼓励都可能影响或改变一个学生的一生，其意义重大自不言表。但是教师并不只是简单的教书匠，除了把知识传递给学生外，还应该从社会道德规范、政治要求等方面对学生进行指导和教育，这就要求除了思想政治理论课教师外，其他专业课的教师也应该把思想政治教育融入专业教学中。

专业课教师在课程教学中，可以结合中国现实国情，介绍中西方学术界不同的学术观点，引导大学生对国际形势和热点问题的正确认识，更好地承担对大学生进行思想政治教育这一使命。譬如，自然科学专业教师要注意将辩证唯物主义、历史唯物主义的观点和方法同专业知识的讲授结合起来。

除了思想政治理论课教师、辅导员和班主任、学业导师、专业课教师外，高校的每一位教育者和管理者都担负着对大学生进行思想政治教育的职责。高校要充分调动每一位工作人员的思想政治教育意识和责任，建设一支全面服务于大学生的思想政治教育工作队伍。

第二节　高校思想政治教育队伍的主要成就和存在的问题

目前，中国高校高度重视"育人为本、德育为先、能力为重、全面发展"的办学理念，系统落实高校思想政治教育目标，普遍采取了一系列行之有效的措施，逐步建立了一支素质优良、业务精湛的高校思想政治教育队伍。为了加强高校思想政治教育工作，高校逐渐形成了"全员育人、全过程育人、全方位育人"的良好氛围和工作机制。广大高校思想政治教育工作者不断加强自我修养、提高业务水平，在大力提高学生的科学文化素质的同时，更加注重提高学生的思想政治素质，努力培养中国特色社会主义现代化的合格建设者和可靠接班人。

一、高校思想政治教育队伍建设的主要成就

高校思想政治教育工作是贯彻执行党的基本路线和教育方针，坚持社会主义办

学方向的重要手段和保证，为学校的稳定发展、学生的健康成长发挥了巨大的作用。在各级党组织的领导下，广大思想政治教育工作者共同努力，高校思想政治教育工作取得了可喜的成绩，思想政治教育队伍不断壮大，效果日益显著。

1. 高校思想政治教育主体队伍基本建立

在当前的时代特征下，思想政治教育呈现出许多新特点和新问题，特别是高等学校，教育客体主要集中在大学生这一特定人群中。是否能够建设一支爱岗敬业，具有高度政治责任感、崇高使命感和精深的理论水平的思想政治教育主体队伍，对中国的教育事业具有重大的战略意义。高校思想政治教育队伍的专业化就是要做到专职人员为主干，确保思想政治教育工作人员充足的时间和精力用于本职工作。要按照高校思想政治教育队伍专业化要求，使广大思想政治教育工作者具备相关的知识和工作能力，实行符合本专业特点的职务、职称管理制度。高校思想政治教育队伍建设的专业化，将是未来思想政治教育队伍建设的主要趋势。

但是，由于目前高校思想政治教育工作发展不完善，仅仅靠专职教师队伍做工作是不够的，还需要加强兼职教师队伍的建设，鼓励广大教师"双肩挑"。目前，高校已初步形成了一支以专职教师为骨干，专兼结合、专业互补、相对稳定、素质较高的思想政治教育工作队伍，思想政治教育工作逐步走上了科学化、规范化、专业化的发展道路。在大多数高校，思想政治教育工作人员之比在 1∶200 至 1∶500 之间，他们基本上都具有一定的马克思主义理论基础，懂得思想政治教育的基本规律和业务知识，熟悉学生思想、心理发展的特点，有较强的工作能力。另外，一些优秀中青年教师和部分管理干部，也兼职做一些思想政治教育工作。这批以精干的专职人员为骨干的专兼结合的思想政治教育工作队伍，对于促进思想政治教育与智育的结合，专职人员向专业化、专家化方向发展，以及兼职人员加强实践锻炼、增长管理才能等方面都取得了明显的效果。

2. 高校思想政治教育建设方向和目标不断明确

高校思想政治教育队伍建设是一项长远的事业，是一个持续努力的过程，它要求我们不仅要立足当前而且还要预见未来。它以客观实际的基础分析未来的可能性，反映事物的发展趋势和人的主观预期。

可以预见，在未来一个较长的时期内，只要高校本身坚持正确的办学方向，依法依规办教育，不断加强师资队伍建设，狠抓教育教学质量，就会迎来中国高等教育蓬勃发展的良好机遇。加强思想政治教育队伍建设，是高校坚持正确办学方向，坚持人才培养目标的重要保障，探索未来高校思想政治教育队伍建设目标，能为我们制订思想政治教育队伍建设规划提供决策性参考。

3. 高校思想政治教育培训制度和体系逐步完善

高校思想政治教育工作者的再学习和再培训，是保证这支队伍能够紧跟社会发展形势、适应高等教育发展的有力措施。教育部门把提高思想政治教育队伍整体素质作为加强队伍建设的重点，为建立和完善思想政治教育队伍的培训制度和培养体系采取了一系列重要措施。同时，加强高校马克思主义学院建设，打造马克思主义理论教学、研究、宣传和人才培养的坚强阵地，支持有条件的高校设置马克思主义理论专业，深入实施马克思主义理论研究和建设工程。

除此之外，不少高校还经常性地开展培训或短期调研考察，主要内容为马克思主义理论和思想政治教育工作相关学科的知识，并将培训纳入学校师资整体培训规划，通过有计划的岗前培训、技能培训、理论培训、调研培训、工作研讨等途径，对思想政治教育工作人员进行基本理论、基本技能、基本方法的培训，不断提高思想政治教育队伍的工作水平和业务能力。不少高校每年划拨专项费用，保证培训工作的顺利开展和培训体系的正常运行。

二、高校思想政治教育队伍建设存在的主要问题

随着经济社会的不断变化和高等教育的不断发展，目前高校思想政治教育工作的环境日趋复杂，思想政治教育队伍建设面临着许多挑战和困难，在队伍数量、结构、素质和队伍的可持续发展上存在这样或那样的问题：一是，这支队伍还不能完全适应新时代发展的需要，队伍年龄结构不合理、学历层次偏低、知识面不宽、业务能力不强等问题不同程度地存在；二是，这支队伍中有部分教师对思想政治教育工作不安心、不热心、不专心，感到思想政治教育工作任务重、难度大、待遇低、发展前途不大，存在着不想干、不愿意下功夫干的思想情绪，缺乏足够的凝聚力和活力。

1. 教学内容不够丰富

能够灵活地将教材内容与现实相结合，不断扩充课堂信息量，这是高校思想政治教育教师能力科学化与现代化的重要标志。目前，高校思想政治教育缺乏吸引力的最大原因，就是教学内容脱离现实环境。一些教师拘泥于教材，照本宣科，力求面面俱到，搞"单向灌输"。其主要原因就在于教材涵盖的内容较多，教师没有更多时间启发学生，并结合现实来分析和认识问题，结果造成学生感到思想政治教育课程单调、枯燥，从而失去了学习的兴趣和热情。经调查发现，学生们所喜欢的思想

政治教育教师，都是能够联系社会实际进行讲解、启发他们思考现实问题的教师。

2. 管理机制不够健全

高校思想政治教育管理制度不健全，思想政治教育队伍建设存在"两张皮"现象是思想政治教育队伍建设中的两大障碍。首先，一般高校根本就没有将思想政治教育队伍的建设纳入学校总体规划，对思想政治教育工作质量也没有建立考核体系和激励机制，导致一些教师工作的积极性不高、创造性发挥不够。其次，一些高校对思想政治教育队伍缺乏规范的培训机制，培训工作没有统一的要求，培训时间长短不一，内容不系统，培训资金也没有保证。再次，有的高校套用管理企业的模式来管理学校，学校工作是培养人、教育人的事业，与企业有着本质性的区别，这样的培训管理机制就更不可能健全了。最后，有些高校对思想政治教育工作缺乏足够的正确认识，没有建立"思想政治教育人员准入制度"，招聘思想政治教育工作人员时，也没有严格的考核制度。另外，一些大学生对思想政治教育专业缺乏深刻的理解，从进校起就存在一有机会就跳槽的短期思想等。

3. 专业化队伍建设不足

专业化教师队伍是开展高校思想政治教育的骨干力量，是高校思想政治教育和管理工作的组织者、实施者和指导者。教师只有具备专业化素养，才能为大学生提供学业、就业、心理健康等方面的专业指导。但是，高校中的教师队伍在年龄结构、学历结构、知识结构等方面都存在着不同程度的不合理现象，与高校改革和发展需要不相适应。高校辅导员队伍中多是刚刚迈出校门的毕业生，多数来自非思想政治教育专业，他们虽有较为扎实的专业知识，但却对教育学、心理学、思想政治教育等学科了解不多，在职培训不够，思想理论知识欠缺，缺乏丰富的实践工作经验，很难适应复杂环境下的高校思想政治教育工作，很难为大学生提供多方面的专业化教育和指导。同时，高校中的相关学院对教师的工作分工也不清晰，承担着超出其工作范围的大量工作，很难使辅导员对学生思想、心理等方面的发展变化予以更多的关注，"深度辅导"也只是流于形式。

4. 教师队伍缺乏稳定性

相对稳定性是一支队伍生存和发展的前提和基础，没有稳定性，就会人心涣散，失去凝聚力和向心力，也就谈不上战斗力了。开展思想政治教育工作，要做大量耐心、细致的思想工作，特别是高校的生源质量普遍偏低，工作压力大、任务重，尽管思想政治教育工作人员精力投入大、工作时间长，但是从事思想政治教育工作，在待遇上与专职教师相比还存在较大差距。现在思想政治教育工作队伍更新周期大大缩短，流动过快，短期行为严重，主要是由于当前高校思想政治教育工作队伍的管理和考核机制尚不完善，一些思想政治教育工作者觉得在工作中难以求得发展，表现出对本职工作不热心、不专心、不安心，这就使得高校思想政治教育工作在效果上难以保证，在目标上难以实现，造成工作上的被动。

由于高校办学体制与管理模式的原因，思想政治教育工作的兼职人员多于专职，做的事情多，反而待遇低。一些年轻教师根本就不愿意做思想政治教育工作，即使暂时在岗，思想也不稳定，"走心大于守心"；信心不足，有失落感、困惑感、危机感、依附感，存在"三多一少"现象（即跳槽多，改行多，兼职多，后备干部少）。对于出现的一些新情况、新问题，缺乏必要的思考，缺乏热心的研究，导致解决办法少，方法简单，敷衍了事。同时，由于一些高校把这支队伍培养得少而用得多，造成队伍人员流动频繁，师资队伍力量薄弱，缺少学者型、专家型的思想政治工作人员，严重影响该项工作的力度和效果。此外，高校思想政治教育队伍存在着不稳定因素，也是影响高校思想政治教育队伍建设的一个重要原因。

5. 学历职称结构不平衡

大多数高校思想政治教育队伍的学历职称结构存在着明显的不足，高学历层次和高职称人员比例偏低。一些高校把思想政治教育工作人员看作是"万金油"，认为谁做思想政治教育工作都行，"没有高学历也照样能干"。现代的高校思想政治教育是以科研、教学和日常性思想政治教育与管理工作紧密结合为显著特征的。思想政治教育工作者的学历，是其思想政治教育基础教育理论和科研能力的一个重要标志。目前，高校不同程度地存在着一些不良现象，对思想政治教育工作者攻读在职学位支持不够，对思想政治教育学科建设投入不足，特别是对在职思想政治工作者专业培训、进修方面缺乏得力措施。

高校思想政治教育队伍的职称状况同样不合理，这主要表现在高级职称比例偏少，不能形成前后相继的职务梯队建设。其主要原因在于思想政治教育队伍职务晋升机制不完善，思想政治教育工作者偏重具体的日常性教育和管理工作，在科研方面精力投入力度不够，而更深层次的原因则在于思想政治教育学科建设和队伍建设的不力以及学历结构的不合理。因此，要改变高校思想政治教育队伍职称结构的状况，必须从学科建设、职务晋升、学历结构等多方面着手，方能形成高校思想政治教育队伍的合理职务结构。

6. 综合素质有待提高

高校思想政治教育工作者有其自身的特殊性，同其他专业教师队伍相比，思想政治教育队伍高学历、高职称人员所占比例明显偏低，整体层次有待提高。

第一，理论功底还需提高。高校思想政治理论课教师不但要具备扎实的马克思主义理论功底，深入研究分析马克思主义理论的发展趋势，以学术的眼光运用马克思主义理论分析当前的社会问题，并创新马克思主义理论视野。同时，还需要掌握中国特色社会主义理论体系，具有渊博的知识，综合运用多学科知识，不断充实、完善和更新教学内容，帮助大学生树立为建设中国特色社会主义而奋斗的坚定理想，增强抵制错误思想以及拜金主义、享乐主义、极端个人主义等腐朽思想侵蚀的能力。

第二，道德素质有待提高。由于受国内外一些不良思潮的影响，有些高校思想政治教育工作者淡化了理论修养，在工作中不能引导学生树立正确的世界观、人生观和价值观。此外，某些思想政治教育工作者对政治缺乏热情，对意识形态问题不重视，远离政治倾向严重，直接影响着大学生政治素质、思想素质的培养。再者，个别思想政治教育工作者由于人生价值取向倾斜，价值取向也转向世俗功利，其表现为对教育事业奉献的精神下滑，片面追求个人利益的最大化，倾向于以自我为中心。还有的思想政治教育工作者，利用高校自由支配时间较多的有利条件，在校外大量兼职、兼课，影响了本职工作，也损害了教师的美好形象。还有极少数人受到社会不良风气的影响，存在贪图金钱、喜欢享乐的腐败现象，办事不讲原则、处理问题不公正，在学生中造成了极坏的影响。

第三，科研能力亟待提高。一些高校思想政治教育工作者不注重学习、不主动学习，不能掌握新知识和新技能，致使知识陈旧、能力退化。受经费投入不足的影响，高校思想政治教育工作者外出进修和培训的机会较少，这就势必会造成了教师的知识面不宽、知识更新慢，影响了教书育人的效果。学校对思想政治教育工作者的职称晋升、优秀论文评定、科研课题确定、学科带头人选定等方面也缺少相应的政策。因此，与其他专职教师相比，思想政治教育工作者的科研能力较弱，科研成果少，相互间工作经验的交流也较困难，从而影响了思想政治教育队伍整体素质的提高。

第四，创新能力还需要提高。教师是课堂教学活动中的主导，高校思想政治理论课教师应该根据社会形势、学生身心成长的特征，组织课堂教学内容，并且引导学生分析社会问题，促进学生思想的健康成长，加深对马克思主义理论的正确理解。然而，少数思想政治理论课教师缺乏创新精神，教学内容陈旧，难以真正让马克思主义理论走进学生心灵和头脑，尤其在信息多样化的今天，大学生无论是观念还是行为都呈现出许多新情况、新特点。因此，教师要发挥主观能动性，要有创新能力，重视发挥学生的主体作用，真正把教学过程变成解决学生实际问题的过程，变成与学生共同进步的过程。

第三节　高校思想政治教育队伍建设的创新策略

加强高校学生思想政治教育队伍建设，必须通过有效的途径、建立科学的机制、实行严格的管理、创造良好的环境，才能不断提高这支队伍的政治素质、业务素质和管理水平，始终保持高校学生思想政治教育队伍的活力。

一、明确高校思想政治教育队伍的职责定位

高校思想政治教育工作者职责泛化，已经成为制约队伍建设、发展的重要因素。随着高等教育的快速发展，学生对教育、管理和服务工作有了更高、更广的诉求。高校在学生教育、管理和服务工作等方面，应该构建一种适应这种要求、符合发展趋势的体制和机制，对思想政治教育队伍科学定位，进行相关职能的合理分化，制订内容清晰、范围恰当、目标较为明确的岗位职责。建立专业机构、强化服务职能，这是高校思想政治教育队伍建设的发展趋势。从"消极防御、管理至上"向"主动引导、服务至上"的职能转变，这是高校思想政治教育工作者职责确立和角色定位的基本依据。各高校应结合自己的实际，明确职责，准确定位，充分体现"术业有专攻"，切实保证合力育人。

二、健全高校思想政治教育队伍的培训制度

高校思想政治教育工作者要审时度势地推动自身改革，在教育过程中发挥更大的积极因素。在能力方面，思想政治教育工作者要增强自身对文化的发展和教育变革等外界变化的适应力，增强自身把握学生思想政治状况，并有的放矢地开展教育的能力。在知识方面，从广度上思想政治教育工作者要进一步拓宽知识面，全面完善知识结构，以适应多元文化背景下对知识全面化的要求；从深度上思想政治教育工作者要进一步体会知识深层次的内涵，深化对思想政治教育及其相关学科的理论和实践研究，以适应高校思想政治教育工作的需要。在观念方面思想政治教育工作者要及时转变单一的传统观念，树立新时期的多元文化观念。在工作实践方面思想政治教育工作者要建立多元结构课程，强化基础教育，注重个性发展。总之，高校

思想政治教育队伍建设，要按照选拔、任用、管理、培养、提高相结合的原则，以提高业务水平为重点，以素质能力建设为核心，不断建立健全高校思想政治教育队伍建设的长效机制。

三、提升高校思想政治教育队伍的职业素质

职业培训是高校思想政治教育队伍建设的基础工程，直接关系到队伍的质量和教育的成效。要想取得好的培训效果，必须革除以往培训空泛虚无的弊端，坚持以实践为依托，即培训内容来源于实践中的要求，培训结果解决好实践中的问题，做实思想政治教育队伍的职业培训。

1. 高校思想政治教育科学素质培训

随着时代的发展，思想政治教育内容面临新的拓展和整合，如学业辅导、心理咨询、社区管理、职业生涯规划等，思想政治教育已成为综合性的学科。提高教育的实效性，队伍的科学素质是关键。对高校思想政治教育教师，尤其是辅导员、班主任进行系统的思想政治理论、学生事务管理学、教育学、心理学、心理咨询、领导学、信息学等相关专业知识培训，已成为重中之重。在培训中，要打破学科界限，围绕实践需求，落实培训内容，要在"精"和"管用"上下功夫。

2. 高校思想政治教育经验素质培训

大学是学生社会化的重要环节，辅导员、班主任、导师要为大学生做好人生导航工作，需要具备丰富的人生阅历、成熟的工作经验。针对这一问题，进行思想政治教育经验素质培训，就成为高校思想政治教育队伍建设不能忽视的一项重要内容。如有的大学实行"导师"制，即给新任辅导员配备一名优秀的资深辅导员做"导师"，手把手传授工作经验，为期一年，这样就可以快速、有效地弥补新辅导员工作经验不足的缺陷。

3. 高校思想政治教育方式方法培训

高超的思想政治教育要触动人的灵魂、转变人的观念、打动人的情感、改变人的行为。这不仅仅是一门科学，更是一门艺术，需要讲求方式方法。可以借鉴"案例教学"法，对辅导员、班主任进行思想政治教育方式方法的培训。针对典型案例，组织思想政治教育教师、心理健康教育教师、辅导员、班主任共同参与研讨，大家一起从不同层面、不同角度、不同专业背景出发，对案例进行分析研究，集思广益，制订最佳的解决方案。这种案例研讨培训方式，有力地提高了辅导员和班主任解决

实际问题的能力，提升了思想政治教育建设工作的方式方法。

四、提高高校思想政治教育队伍的地位和待遇

高校思想政治理论教育工作者地位的提高，一个重要体现就是教师待遇的提高。从当前来看，高校思想政治理论教育工作者薪酬的评价标准同高校其他教师是相同的，主要是由教师的教学工作和科研工作两块组成。而实际上，高校思想政治教育工作者与高校其他工作者有着显著的不同，就是在教育教学工作中要付出更多的精力与汗水。从教学任务来看，高校思想政治理论课教师与其他专业课教师有两点不同：

1. 教学内容更新快，备课时间投入大

高校思想政治理论课与其他课程相比，一个重要特点就是内容要与时俱进，课程教学不仅要根据教材体系与内容变化进行更新，而且要将国际国内时事及时反映在课堂教学内容中。相对于其他专业课教师，由于思想政治理论教育内容的不断更新变化，思想政治理论任课教师的备课时间要长得多，付出的精力要大得多，对教师的要求也要高得多。

2. 教学工作量大，科研投入时间少

由于教学班级人数众多，几个班级一起上课，人数多达一二百人，课堂教学管理难度变大，这也对教师搞好课堂教学提出了更高的要求。相对于其他专业课程的教学工作，思想政治理论教育工作者付出的精力与时间相对较多。这样势必影响其科研工作，在一定程度上影响着思想政治教育工作者的竞争力，进而影响其职称的晋升以及待遇的提高。所以，要提高高校思想政治教育工作者的待遇与地位，可以设立专门针对高校思想政治教育工作者的工作评价以及职称评定体系。

当前，一些省市的高校已经将辅导员职称评定工作与普通教师职称评定工作分离了出来，这对稳定辅导员队伍、提高辅导员地位、调动辅导员工作积极性具有重要作用。但对从事高校思想政治理论课教学的教师来说，在职称评聘上仍然与其他任课教师采取一样的标准。这不仅是制度设计问题，也是人的心理素质问题。因为长期以来，很多人在心理上不认同思想政治教育工作者，认为他们只是口头讲理论、没有真本事。而思想政治教育工作者也不想贬低自己，不期望在职称评定以及职务晋升方面获得所谓的"照顾"。所以，各种因素困扰着高校思想政治教育队伍的稳定。

五、加强高校思想政治教育队伍的实践锻炼

加强实践锻炼是培养高校思想政治教育工作者的一条重要途径，要在实际工作中大胆启用他们，切实关心他们的切身利益；要通过上下交流、岗位互换、校外挂职锻炼等多种途径，为他们开阔眼界、增加阅历、提高实际工作能力创造条件。除了在日常工作中压担子、加强岗位锻炼外，还要创造条件，增加他们接触社会、了解国情的机会，定期或不定期地组织他们开展社会考察、社会调查等活动。各高校要创造条件，拨出专项专款经费，支持和组织他们开展思想政治工作研究，参加国内国外学术活动；在选拔组织出国考察人员时，要根据出国任务和性质，合理安排符合条件的人员参加。

同时，各高校要认真落实有关政策，从制度上解决好思想政治教育工作者的职务和待遇等问题。在专职思想政治教育工作者的职务聘任中，要充分考虑思想政治教育工作时间性强的特点，注意考核思想政治素质、理论政策水平及从事思想政治工作的实绩和能力；要防止和克服只看论文数量和外语成绩，而轻视实际表现和工作实绩的现象。在兼职思想政治教育工作者的职务聘任时，要充分考虑他们所兼职的工作特点，合理地折算工作量，并将他们在兼职时的工作实绩，也作为评聘考虑的条件之一。

各高校要将优秀大学生思想政治工作者的表彰奖励，纳入全国以及各省（自治区、直辖市）和高校教师、教育工作者表彰奖励工作中，要不断总结思想政治教育工作队伍中的先进典型，宣传他们的先进事迹和突出的工作成果。各高校应根据自己的实际，将思想政治教育工作者的岗位津贴等纳入学校内部的分配办法统筹中。通过合理调整校内奖、酬金分配办法，使思想政治教育工作者的实际收入与本校相应教师的平均收入水平相当。

六、建立高校思想政治教育的长效工作机制

建立高校思想政治教育长效工作机制，将更好地开展思想政治教育工作、提高工作绩效作为实现目标，狠抓工作实效和业绩，拓宽工作渠道和工作模式，推进高校思想政治教育工作向内容丰富、结构合理、制度完善的目标迈进。首先，建立高校思想政治教育长效工作机制，这是由学校教育目的所决定的。中国高等学校的目标是培养德、智、体、美、劳全面发展的社会主义事业的建设者与劳动者。其中，

德是人才的灵魂。其次，建立高校思想政治教育的长效工作机制，这是由学生思想发展特点所决定的。学生个人品德的发展具有长期性与复杂性的特点，学生思想道德素质的提高是一个长期的过程，思想政治教育也就是一项长期的工作。最后，学生个人品德的形成与发展过程，是一个螺旋式的发展过程，学生正确的道德认知、道德情感、道德行为，在形成过程中会出现反复或倒退的现象。这些特点决定了高校思想政治教育工作具有长期性，学校需要建立高校思想政治教育长效工作机制。

高校思想政治教育长效工作机制的建立，能够体现高校思想政治教育工作的时代性、规律性、创造性特点。高校思想政治教育工作的时代性特点，主要是指高校思想政治教育的内容、方式方法要体现时代特点、反映时代特征。随着社会政治、经济的迅速发展，社会文化的发展也在一定程度上影响学生的思想道德状况。高校思想政治教育应根据社会思想文化的发展特点，以及不同时期大学生的思想变化状况，确定思想政治教育的内容与方式方法，以适应思想政治教育工作的发展需要。高校思想政治教育工作的规律性特点，主要是指高校思想政治教育的内容与方式方法要符合学生的思想政治实际状况，要符合学生的思想政治发展规律。大学阶段是学生思想政治素质发展成熟的重要时期，他们思想道德水平与政治素养的提高过程是长期性的，这就决定了高校思想政治教育过程也是长期性的，要注重整个大学阶段学生的成长过程，在符合大学生思想政治发展规律的基础上，建立高校思想政治教育长效工作机制。高校思想政治教育工作的创造性特点，主要是指各高校要结合自身特点制定切合实际的高校思想政治教育工作内容、方式方法以及相关制度。当前，中国高校按办学层次、教育性质、学科范围等方面分为不同的类别，不同类型的学校，学生的培养目标不同，学生的特点、思想状况、思想政治教育的内容与方式方法也应该有所不同。

七、完善高校思想政治教育队伍的业绩考核制度

考核机制（绩效考评制度）是指通过对照员工的工作目标或绩效标准，采用一定的考评方法，评定他们的工作任务完成情况、工作职责履行程度等情况，并将评定结果反馈给员工的一种制度。这种考核机制是知人善任、识别员工的基础，也是激发他们工作热情、加强责任心、调动积极性的重要手段。目前，有些高校依然存在着"干与不干一个样、干好干坏一个样"的现象。为此，高校思想政治教育队伍建设要配套进行，使考核制度化、考核内容定量化、考核方法民主化、考核形式多

样化，并把考核结果与奖惩挂钩、与晋职晋级挂钩，营造一种奋发向上的氛围和有利于竞争的环境。

政策保障是加强高校学生思想政治教育队伍建设的一个关键。从一定意义上说，创造良好的政策环境，思想政治教育队伍建设的精神才能落实到位。要进一步完善高校思想政治教育队伍的选聘机制、管理机制、培养机制和发展机制。当前，应在业务培养进修、职称职务评聘、学科建设投入等方面制定并完善相应的政策和措施，需要给予特殊考虑的适当倾斜。对兼职从事高校思想政治教育的人员在晋升专业职务时，要充分考虑其担任学生思想政治教育工作的经历和业绩，真正做到政策留人、事业留人。

总之，坚持以"两种身份"（教师身份和管理者身份）、"四种功能"（教育功能、管理功能、服务功能和科研功能）为目标，建设一支职业化、专业化的思想政治教育工作队伍，既是新时代条件下创新高校思想政治教育的重要载体，也是高校实施思想政治教育实效性的重要保证。

第五章 高校思想政治教育工作 与高校校园文化活动

第一节 校园文化活动的理论概述

高校校园文化活动是高校校园文化建设的载体，是高校校园文化的灵魂。它既是展示高校办学活力和效果的重要方面，也是增强和提高师生实践和运用思想、知识、能力的重要方面。高质量的校园文化活动，不仅可以丰富校园生活、振奋学生精神，而且能够产生强大的凝聚力和吸引力，培养和激发广大学生的群体意识和集体精神，促进学生全面成长成才。

结合江苏大学开展校园文化活动的实践与探索，我们认为开展校园文化活动应突显育人功能、塑造功能、凝聚功能和调适功能，坚持"走上去、走下去、走出去"的原则，协调处理好校园文化活动开展中的艺术性、娱乐性和教育性的关系，质与量的关系，传承与创新的关系。

一、校园文化在高校中的地位

（一）文化的概念

关于文化的定义有 200 多种，这些定义中都或多或少地存在不足，比较有代表性的有三种：一个世纪以前，E.B. 泰勒将文化定义为"包括知识、信仰、艺术、道德、法律、习俗和作为社会成员的个体而获得的一切其他能力和习惯的复杂集合"；爱德森·荷贝尔的定义为"社会成员所习得的共有的和外显的行为特征的集合"；文化还被定义为"后天习得的、共有的、强迫性的、相互关联的符号设置，其意义决定了社会成员的行为和思维的方向"。人类学的学者们则普遍认为，文化不是与生俱来的，而是后天习得的。比如，是从家庭、学校、教堂的教育中学习获得的。但也有人把文化的概念区分为广义与狭义两种。广义的文化,普遍被认为是人类在社会历史实践过程中所创造的物质财富和精神财富的总和。狭义的文化,则较普遍地被看作是社会的精神文化,即社会的思想道德、科技、教育、艺术、文学、传统习俗等及其制度的一种复合体。马克思指出,"人们自己创造自己的历史,但是他们并不是随心所欲地创造,并不是在他们自己选定的条件下创造,而是在直接碰到的、既定的、从过去承继下来的条件下创造的。"文化,正是人们在创造自己的历史的过程中直接碰到的,既定的,从过去承接下来的各种条件的总和。文化与人类以及人类社会相伴而生。自有了人类,就有了人类社会,也就有了人类社会文化。

(二)校园文化

由于大学教育本身就是一种传承、适应、批判、选择、创造文化的活动。广义的大学校园文化包括大学精神、大学环境、大学制度等。狭义的大学文化主要指大学精神,它强调大学师生的科学素养和人文精神,表现为一种共同的行为准则、价值观念和道德规范。大学校园文化是社会主义和谐文化系统中最为重要和典型的一种亚文化形态,是具有广泛文化主体基础、丰富多彩的内容和形式、稳定习惯化的价值体系,对社会发展起到自觉的能动作用。大学校园文化在悠久的历史中积淀了稳定的文化精神,在发展进程中拥有自觉的文化主体,有着鲜明的服务社会文明发展的宗旨,并与物质文明、政治文明和精神文明关系最为密切且具有相对独立性。

大学校园文化的突出标志就是在大学发展中凝聚而成的校训,它们大多是高校办学理念、办学特色、办学宗旨、办学要求等的经典概括,反映了大学精神和大学的理想追求,是大学文化的核心和灵魂。它既继承着中华民族的优秀文化传统,又具有时代精神,同时体现出学校深厚的人文底蕴和文化特色。大学校园文化既能用来激励和劝勉教师和学子们,同时也能体现学校的办学原则与目标。文化承载精神,精神休现文化。校园文化就是校园的"环境",就是校园的"氛围",就是校园的"生态",就是校园中弥漫着的文化精神,甚至可以说是学校的灵魂。对人类而言,科学知识固然重要,但具有科学精神更重要。没有科学精神就没有人的全面发展。大学就是通过文化培养人、造就人的。大学文化培养人的道德情操,建立以科学精神为实质的道德规范。因此,大学文化对人的科学精神的塑造比知识的传播、创造和运用更重要。

在未来的知识社会里,经济增长和社会进步以及人的素质的全面提高,都离不开知识的创新、传播和利用,知识生产力不仅是一种科学技术竞争力,更是经济成败的关键因素。以智能为代表的人力资本和高科技为代表的技术知识将成为经济发展的核心，知识也成为生产要素中的重要组成部分，也是一种培养人文精神和崇高道德品质的文化力。人才的培养不仅仅是知识的灌输和传授，更重要的是科学精神的培育和完美人格的塑造，这就需要一种崇高大学文化的熏陶。这种文化不仅能给予人先进的思想观念，更能给予人崇高的精神和创新的价值取向。随着高等教育大众化时代的到来，大学教育的社会意义越来越广泛，也会越来越开放，大学也将成为继承与传播民族优秀文化的重要场所和交流、借鉴世界进步文化的窗口，成为新知识、新思想、新理论的摇篮，大学文化的中心地位也就越来越突出。

二、校园文化的功能

（一）教育功能

任何文化都具有教育功能，而校园文化同样具有强烈的教育功能。这是由学校教育职能和校园文化的目标决定的，是校园文化最富有个性、最基本的功能。相对于其他亚文化系统来说，校园文化教育功能有明显的特点。在校园文化活动中，无论是教育教学活动，还是学生课外活动、联谊活动、社会实践活动，都有明确的教育目的。教育最突出的特点是教中有"化"，"化"中有教，是教化的有机结合。但校园文化的教育功能不同于课堂教学的教育功能，它主要是创造一种氛围，在耳濡目染、潜移默化中感染和陶冶师生。正是由于校园文化在表现思想内容上的这种特殊性，就使校园文化在让人们获得饱含精神满足的巨大情感愉悦的同时，也将其所负载的思想观念、价值评价和理想追求，悄然根植于人们的心灵之中。高校校园文化的教育功能，包括显性和隐性两种功能。显性教育功能是高校通过教学环节和实习环节，有目的、有计划、有组织地影响规范受教育者的思想意识和行为模式。它是高校校园文化与教育、教学内容的密切联系。隐性教育功能则是"通过整个学校的环境、气氛，学校的风气所施加给学生的影响，起到教育作用的"。它主要通过物化形态（校园的建筑、文化设施，校园的绿化、美化等）和观念形态（校风传统、人际关系、集体舆论和心理气氛等）等两大因素，潜移默化地陶冶受教育者的情操、意识和行为，并将社会和学校的文化认同意识潜在地积淀于其深层心理结构之中，从而对受教育者产生深刻的影响。

（二）引导功能

高校的教育职能决定了校园文化具有较强的思想性，这种思想性是人的本质要求在社会文化中的必然体现。它通常不是以说理、抽象的方式直接地表现出来，而是用生动形象，以喜闻乐见的形式间接表现出来的。但是，校园文化的思想性受到以下两方面的影响，一是，校园文化能够吸纳一切反映社会发展的先进文化，以不断提高自身的文化品位；二是，校园文化也很容易接受一些不良的思想和观念。这就需要强化校园文化的正向引导功能，建设有助于学生发展的和谐校园文化。

和谐校园文化的价值观引导功能是和谐校园文化最基本的，也是最重要的社会功能。和谐校园文化倡导建立正确的价值取向、和谐的人际关系，促进社会、自然以及人的协调发展和全面进步；和谐校园文化通过引导人们树立正确的价值观和道德观，来影响人们的思想和行为，以便建立和谐校园秩序。没有和谐校园的文化，整个高校校园也就缺少了校园和谐的思想根基。和谐校园文化价值引导功能就是要进一步巩固马克思主义在意识形态领域的指导地位，发挥其作为主流意识形态的影响和引导作用，抵制和消除落后、腐朽思潮的影响，推动和促进先进、文明思潮的发展，坚持不懈地培育共同理想，形成强大的社会向心力，为构建和谐校园提供强大的思想保证。和谐校园文化可以通过形成全社会文化认同和文化追求来实现对社会思潮、社会价值、社会道德和文化资源的有效整合，在构建高校和谐校园中发挥着重要的精神支撑和联系纽带作用。

（三）调节功能

人生活在世界上，单纯依靠个人的力量是无法生存的，而必然要隶属于某个社会群体。而这个社会群体为了自身能够更好地发展，自然而然地产生了一定的社会机制来规范与约束人们的思想和行为，以便促进社会群体更好地发展。在人类社会不断发展的历史进程中，逐渐形成了三种调节机制，即以纪律和法律为代表的强制性调节机制，以伦理和道德为代表的非强制性调节机制和以审美方式为代表的非强制性调节机制。

社会文化是审美方式的集大成者，它包含了人民对美的需求、追寻、创造和享用，因此，它属于非强制性的社会调节方式。高校和谐校园文化活动不仅可以调整师生工作学习的节奏，缓解竞争激烈所引起的紧张情绪，舒展身心，而且可以在愉悦的活动中增强彼此的信任和尊重，既提高了师生的审美水平和情趣，也避免了人们心理上的无所适从或行为上的某种"失范"状态。

（四）凝聚功能

人类文化的起源具有多样性，不同的民族、不同的族群、不同的地域创造着不同的文化。尽管不同民族文化在发展过程中不断吸收其他民族优秀的文化，但其本质特征不会改变，否则这种文化就不会留存下来。由此，中国文化呈现百花齐放、姹紫嫣红、生机勃勃的景象，形成了当代中国文化多元化发展的格局。它既是流派追求、自身对生活理解的个性的多视角表达，又是对不同观念的实践与阐释。

高校师生来自全国不同地域，接受着不同的地域文化。他们生活在丰富多彩的文化中，其自身对社会文化的吸收也不可能一样。在这种情况下，同一所高校中的师生难免会出现不同的价值观念，形成不同的行为准则；不同师生主体因为自身所接受的文化价值观念不一样，生活在同一空间中，难免会发生行为方式、价值理念的矛盾和冲突。这样就需要和谐校园文化发挥自身的社会功能。和谐校园文化中所蕴含的价值观被师生共同认可和接受以后，它们的价值观成为师生的黏合剂，从而产生巨大的向心力和凝聚力，将广大的师生团结在一起，使他们乐于参加学校的各项建设，发挥各自的潜能，为办学目标的实现作出贡献。另一方面，对于高校的新成员而言，和谐校园文化具有辐射、转化和融合的功能，能把新的价值观念和文化理念灌输到新成员之中，使他们逐步融入学校整体中，成为校园文化的继承者和传递者。因此，高校和谐校园文化具有很强的凝聚功能。这种功能主要体现在：巩固现有师生的团结，对新加入的师生起到转化与融合的作用。

三、创新高校校园文化建设的原则

随着新媒体发展步伐的不断加快，加强对新媒体视域下高校校园文化建设是绝不容忽视的重大问题。新媒体确实给师生们带来了很多的方便，改变了传统的教学模式，提高了学习和交往的效率，但也带来了很多负面的影响。如果我们不能很好地引导和规范新媒体技术的应用，不仅影响青年大学生的健康成长，而且还关系到我国高等教育事业的科学发展。移动互联网和媒介融合时代，繁荣发展高校校园文化需要牢牢把握以下几项原则：

（一）坚持传承和发展相统一

高校校园文化是高校在长期办学实践的过程中，经过历史积淀而逐步形成的一种特殊的社会文化形态，这种积淀的过程既是传承的过程，也是发展的过程。新媒体的快速发展和普及应用，开辟了高校校园文化建设的新领域。一方面，高校作为创造知识、培育人才的重要摇篮，是传承优秀传统文化的重要平台。高校校园主体可以结合各自学科的不同理念、专业特点、办学特色和历史传统等，运用新媒体手段积极传播中华文化的历史价值、优良传统和知识体系，充分展现高校校园文化的独特魅力和发挥其引领社会风尚的功能。另一方面，新媒体的出现使得发展高校校园文化比任何时候都显得更为重要和迫切。高校应按照高校校园文化的独特价值和发展规律，充分发挥高校师生的思想文化创造活力，广泛运用新媒体打造更多的校园文化精品，推动高校校园文化在传承中创新、在创新中发展，使高校校园文化成为我国社会主义文化"百花园"中的一朵奇葩。

（二）坚持开放与融合相统一

高校校园文化是一种依托于社会文化又区别于社会文化和其他亚文化的相对独立的文化体系，它随着社会文化的发展而变化。媒介融合的加速，新媒体的应用普及，促使高校对外联系互动的渠道、方式和形式变得日渐丰富且推陈出新，对外开放的广度愈广和深度愈深，构筑出一种全新的文化交流和传播方式，赋予了高校校园文化建设新的内涵和发展方向。高校校园文化与社会文化之间的融合程度、趋同性、互动性日臻明显。在移动互联网和媒介融合时代，高校校园文化建设应该坚持开放性和融合性相统一，努力借助新媒体的强大力量，积极吸取和借鉴一切社会优秀文明成果，古为今用、洋为中用，让高校校园文化绽放绚丽光彩。

此外，新媒体对经济社会发展和人们生产生活的影响已经远远超越了纯技术或某一学科的研究范式，必然要求对人才培养和科学研究的理念与模式进行调整，这是社会生活网络化、信息化在高等教育领域中的新确证和新影响。高校应适时调整学科设置和专业结构，敢于打破学科间的壁垒，更加注重不同学科之间的融合与渗透，增设新媒体应用、管理和对经济社会发展影响方面的课程，积极搭建产学研一体化、跨学科融合研究等各类平台。

（三）坚持多元化与主导性相统一

高校校园文化对青年大学生的成长成才具有潜移默化的熏陶作用，对于社会主义文化发展进步及社会风尚具有明显的导向和引领作用。在移动互联网和媒介融合时代，高校师生可以随时随地利用各种终端在网络上参与各种讨论，进行信息交流，铸就了一种全新网络社会文化。这种文化作为高校校园文化的重要组成部分，致使高校校园文化更加多元化：一方面来自高校不同学科、专业和办学理念的差异和历史传统的不同，形成形态各异、种类万千的文化风格和品位；另一方面也来源于媒介融合造就的网络文化多样性。尽管高校校园文化具有多元化的特征，但是，我国高等教育的性质、根本任务和社会主义办学方向，决定了高校校园文化建设必须坚持主导性，即必须坚持马克思主义指导思想在高校校园文化建设中的主导地位，用社会主义核心价值体系引领高校校园文化繁荣发展，善于占领网络信息传播和网络舆论的制高点，毫不动摇地坚持用社会主义荣辱观引领网络舆情，引导青年大学生知荣耻、明是非、识美丑、辨善恶，坚决抵制庸俗、低俗、媚俗之风，积极营造文明和谐、健康向上的高校校园文化环境，使网络成为宣传党的主张、弘扬社会正气、创造先进文化的重阵地。因此，坚持多元化与主导性相统一，是新媒体视域下高校校园文化建设必不可少的一个重要原则。

四、开展校园文化活动应坚持"走上去、走下去、走出去"

（一）"走上去"应做到活动具有思想性、品牌性、导向性、创新性

1. 思想性

开展校园文化活动时，应坚持在社会主义核心价值体系的指导下，弘扬主旋律，弘扬民族精神，弘扬时代精神，弘扬人文精神，促进校园文化活动与思想教育紧密结合，校园文化活动与学校党政中心工作紧密结合，着力营造高雅的校园文化氛围，陶冶情操，净化心灵。同时，坚持对大学生进行"爱国主义、社会主义、集体主义"教育。

2. 品牌性

校园文化活动主要包括学术活动、艺术活动、体育活动、公益活动，既包括有组织的大型活动，也包括基层、班级以及个人开展的小型文化活动。校园文化活动形式多样，内容丰富，但一定要形成品牌，彰显特色，以期在广大学生中产生强大的凝聚力和影响力，使"文化育人"得以可持续进行。

3. 导向性

不同的校园文化，引导学生向不同的方向发展，发挥先进校园文化的思想政治教育功能，离不开积极健康的校园文化对师生言行的引导。开展校园文化活动过程中，为了达到既定的目的，需要一系列规范约束学生的言行。符合规范的行为，就会受到肯定和鼓励；背离规范的行为，则会受到否定与抑制。通过规范与激励机制，保障校园文化活动的正确导向，营造积极向上的氛围，引导广大学生追求真善美，抵制假恶丑。

4. 创新性

开展校园文化活动，需要与时俱进，在继承传统的同时，离不开形式和内容的

创新，从而培养学生的创新意识、创新能力。校园文化活动由学生自主组织、参与，形式多样，内容不限，能有效地活跃人的思维，增强人的想象力，有利于增强青年学生开拓创新的素质。

（二）"走下去"应做到活动具有全面性、实用性、娱乐性

1. 全面性

要注重校园文化活动的群众性，组织全员参与。在校园中，有两种人很容易受到关注：一种是学习好或是在某方面有特长的学生；另一种是"问题学生"，他们是校园文化活动开展过程中经常面向的对象。事实上，大多数学生既没有干部头衔或者某种特长，又没有什么很严重的心理或是品德问题。从心理学的角度来看，这些学生最需要有机会参与到团体活动中表现自我。因此，开展校园文化活动不应该遗忘这些学生。

2. 实用性

高校毕业生就业制度的改革，使大学生的就业问题越来越成为一个焦点问题，许多高校在校园内举办模拟证券交易所、模拟人才招聘会等极富社会信息量和实用性的活动，取得了良好效果。同时关于出国的信息、考研的信息等，也是在校大学生关注自身发展的需要，我们必须围绕他们的这些需要开展活动。

3. 娱乐性

高校应适当举行具有一定娱乐性质的活动，可丰富大学生校园文化生活，同时也是对健康生活方式的一种倡导。这类活动应在量上适度控制、质上追求品位。这些娱乐活动的举办能起到很好的凝聚作用。同时，应充分利用娱乐类活动的广泛参与率，加强活动的内涵化建设，寓教于乐。

（三）"走出去"应做到以积极的态度应对形势的变化

改变工作方式，敢于走出校园。广纳社会信息对校园文化活动的充实与发展至关重要。走出校园，我们应首先立足于校校联系，加强与其他高校在校园文化活动方面的交流，取长补短，共同发展。同时，校校联合举办活动也有利于扩大影响。

树立市场意识，敢于自我宣传。今天的高校正逐渐走向市场成为竞争主体，同样面对供求关系与优胜劣汰等市场法则的严峻挑战。不少高校意识到自我推销与宣传的重要性，而校园文化活动在这一方面则具有独特的职能优势与资源优势。它可通过举办活动、媒体报道等多种途径，面向社会广泛展现校园风貌、学生风采，从而为提高学校知名度作出有益贡献。

发挥职能优势，引进社会资金。校园文化活动尤其是学生活动的资金保障必不可少。除了正规渠道的拨款，我们应注重引进社会资金，如举办赞助性活动等。开发、利用社会资金，要符合市场经济及校园文化活动自身发展的要求，即商家市场宣传与企业利润需要与学校精神文明建设和校园文化需要之间实行有机结合。以赞助性活动为例：一方面，我们应承认和尊重商家的实利主义思想，在市场经济条件下，赞助性活动并非纯公益性活动，也含有一定商业合作行为，商家希望通过投入资金、物品获得活动冠名权、宣传权等实际利益，以扩大企业影响。另一方面，校园文化活动中引进社会资金毕竟不是纯商业行为，我们不能以原则做交易。校企双方合作的项目，必须保证其公益性、健康性与安全性，要确保能有利于学校精神文明建设和校园文化建设，这是引进社会资金的基本原则。

五、开展校园文化活动应处理好的关系

（一）要处理好艺术性、娱乐性与教育性的关系

艺术性是校园文化活动质量的重要衡量标准，娱乐性是校园文化活动扩大参与面的重要方面，教育性是开展校园文化活动的首要目标。缺少了艺术性，校园文化活动所追求的育人功能则是空洞的，不能与广大学生产生情感共鸣，其影响不能久远；缺少了娱乐性，校园文化活动的学生参与面就会大打折扣，影响面有限；而缺少了教育性，校园文化活动则失去了根本意义。虽然不同的校园文化活动形式可以有不同的侧重点，但三者不能厚此薄彼，而应追求艺术性、娱乐性、教育性的辩证统一，将这三者很好地统一。

（二）要处理好"质"与"量"的关系

一方面，没有一定"质"的校园文化活动，不会产生强大的凝聚力，也不会达到育人的作用；而如果一味追求"高质量"的校园文化活动，由于资源短缺、经费有限，高校又不可能做到。另一方面，没有一定"量"的校园文化活动，就不能满足大学生多元的、全方位的文化需求；而过"量"的校园文化活动，势必影响正常的教学活动，背离了大学教育的初衷，其质量也得不到保证。因此，组织开展校园文化活动时，应注重"质"与"量"的平衡，既要有精品意识，提高校园文化活动品味，又要结合实际情况，丰富校园文化活动形态，"阳春白雪"与"下里巴人"各得其所。

（三）要处理好传承与创新的关系

每所高校在其办学历史中，都会沉淀一些需要传承的、传统的校园文化活动形式。许多传统校园文化活动，传承至今，从未间断，学生参与积极性高，都得到了很好的传承。校园文化活动在传承传统的同时，如果不能勇于创新，做到与时俱进，就会流于形式主义。不会传承，意味着背叛，文化也就缺少了积淀，缺少了底蕴；不会创新，校园文化活动则会丧失活力。校园文化活动的形式需要创新，传承的传统校园文化活动的内容也需要创新。只有这样，才能紧跟时代步伐，才能最大限度地调动广大同学的参与热情，才能真正让校园文化活动迸发出蓬勃朝气。

第二节　高校的学生社团建设

学生社团是由具有共同或相近的志趣和理念的高校学生，基于某一宗旨和目标而自发组织、自愿参加的以"自我教育、自我管理、自我发展、自我娱乐"为目的的非正式组织。同时，学生社团是大学生自发的非正式的群众组织，具有跨学院、跨专业、跨年级、分散性、流动性等特点，其参与主体是广大青年大学生。参加社团活动已经成为绝大部分大学生在校期间的一件大事和一段重要的经历。学生社团正日益成为吸引和集中大量青年学生且具有相当影响力和吸引力的群众组织，成为校园文化建设的重要组成部分，它的存在及健康发展对高校校园文化环境的构建具有十分重要的作用。

一、学生社团建设综述

学生社团建设以"方法上引导、数量上提升、运作上整合、质量上提升"为指导思想，以"无害便有益"为原则，打造了一部分精品社团、稳定了一批骨干社团、发展了一批新兴社团。以江苏大学为例，其现有学生社团116个，校级学生社团68个，院级学生社团48个，这些社团为建设先进的青年文化、打造和谐的校园文化、推进学生的素质教育作出了积极贡献。

社团工作讲究"人无我有、人有我新"，每个学校都有自己的工作理念。江苏大学在社团工作上始终坚持做到"1+4"，即坚守一个原则、把握四个要素。

（一）始终坚守"一个原则"

开展社团工作的原则就是"无害便有益"。它有三层含义：其一，把握重点社团，兼顾一般社团，一般社团只要"无害"，社团本身的管理工作、组织工作也是锻炼人的；其二，扩充社团数量，扩大社团阵地，为最终提升质量创造前提；其三，社团工作要防止政治方向的偏差、反动思想的渗透、低级趣味的传播。

（二）全面把握"四个要素"

做好校园社团工作，需要把握好"定位""主体""管理""发展"四个要素。定位，是对一个社团整个生命轨迹的描述，是对社团工作的宏观把握。对于社团定位，社团建设有四句口诀，"以武会友、以会养会、以评促建、优胜劣汰"。"以武会友"是社团的内容定位、兴趣定位，"以会养会"是社团的运作定位、经营定位，"以评促建"是社团的激励定位，"优胜劣汰"是社团的归宿定位。

主体，是指社团活动的参与主体、受益主体。社团建设同样提出了四句话，"参加一个社团、培养一项特长、献出一份热情、收获一些成长"。"参加一个社团"是基本要求，"培养一项特长"是基本目标，"献出一份热情"是基本素质，"收获一些成长"是基本期望。

管理，是社团工作的重要环节和保障。社团建设也提出了四句话，"管理距离近、交流频率高、任务下达快、动态情况明"。"管理距离近"要求我们深入基层、贴近基层；"交流频率高"要求社团工作形成良性的沟通和互动；"任务下达快"要求政令畅通、传达贯彻迅速；"动态情况明"要求宏观地、动态地把握社团思想脉搏，反馈迅速，及时发现问题、解决问题。

发展，关系到每一个社团的良性发展和整个社团工作的良性循环。对于社团和社团工作的未来发展，结合近年来的工作感悟，社团建设总结形成了四句话，"发散式思路、开放式管理、调控式运作、点面式跟进"。

"发散式思路"就是确立数量与质量并重、外延与内涵结合、人文精神与科学精神融合的发展思路。

"开放式管理"就是抓大放小，抓重点社团、下放一般社团；抓重点工作、下放日常管理；抓主要问题、下放一般问题，形成重点社团学校抓、一般社团配合抓、学院社团学院抓的局面。

"调控式运作"就是强化社团工作的 3 个抓手：人、财、评比。"人"就是社团会长（团支书）和社团指导老师；"财"就是社团财务上实行"先立项审批再开展活动、及时报销总结、学校定期检查"的管理办法,以及对重大活动的适当的资金倾斜;"评比"就是设立奖惩措施、激励措施,以评奖评优为杠杆促进社团的工作。

"点面式跟进",要做好以下三方面的工作:一是继续狠抓以往获得过各级各类表彰的优秀社团,灌输"成绩属于过去、如今还须努力"的思想,让这些社团不懈怠;二是继续狠抓政治理论类、专业学习类、文化文学类、科技创新类、志愿服务类等5类重点社团,不断提升社团的层次和品位;三是以上述重点社团为榜样、示范,推广它们的管理模式、管理经验,以点带面,先进影响、带动后进,后进跟上、赶超先进,形成有帮扶、有竞争的积极态势。

二、学生社团管理模式

(一)学生社团的成立

校级学生社团成立必须从成立院级社团开始,先向学院社团部门提出申请,由学院团委批准后,成为院级学生社团,运行良好的,经学院推荐可以申请成为校级社团。

成立学生社团的基本要求为:有10名以上的学生联合发起,发起人必须具有开展该社团活动所必备的基本素质;有规范的名称和相应的组织机构;至少有1名社团指导教师;有规范的章程草案;学生社团的名称应当符合法律、法规的规定,不得违背校园文明风尚,学生社团名称应当与其性质相符,准确反映其特征。

申请成立学生社团,发起人必须提交下列材料:申请成立社团的申请书;章程草案;发起人和拟任负责人基本情况介绍、学生证复印件、联络方法;指导教师基本情况、身份证明。在学院团委指导下试运行3个月以后,效果很好的由所在学院团委出具相应证明,申请成为校级学生社团,向社团联合会提交相关材料,经过校团委批准方可成立校级社团。

(二)学生社团的组织机构

学生社团会员大会是学生社团的最高权力机构,会员大会行使下列职权:选举和更换社团负责人;审议批准负责人的工作报告;对社团变更、注销等事项做出决定;修改社团章程;监督社团财务开支。

社团会员大会每学期至少召开1次,并将大会形成的决议报校团委批准,在校社团联合会备案。会员大会作出决议,必须经出席会议的会员半数以上同意方为有效;对社团变更、注销和修改章程作出决议,必须经全体会员人数的2/3以上同意方为有效。

社团执行机构是会员大会领导下的社团日常事务机构。执行机构由社团负责人组成。学生社团负责人主要是指社团正副会长、团支书。学生社团的正副会长、团支书不得兼任财务负责人。有以下情况之一者不得担任或继续担任社团负责人：在校期间曾经受到校纪校规处分的；曾因违反有关规定被撤职的；工作严重失职的。

（三）学生社团的变更和注销

学生社团有下列情形：会员大会决议解散的；分立、合并的；社团被责令关闭或解散的；由于其他原因终止的，应向校社团联合会申请注销登记。学生社团提出变更或注销申请，应当提交由社团负责人签名、经会员大会通过的变更或注销申请书。由社团联合会组织对其财务进行审核。审核期间，学生社团不得开展审核以外的工作。学生社团应当自审核结束之日起 15 天内，向校社团联合会办理变更或注销登记手续。学生社团变更或注销后的财产由校社团联合会统筹处理。学生社团在变更和注销后 1 周内以公告形式公示。如社团还在预备阶段的，由所在试运行的团委、社团管理部门直接决定是否变更或注销。

（四）学生社团的考评与奖惩

社团考评工作由学生社团联合会统筹安排，由社团联合会各部门具体负责实施，主要参照日常活动、内部建设、特色活动、民意测试等方面进行考核。根据考核结果，对优秀社团给予评优奖励，给予"十佳学生社团"和"十佳社团活动"的奖励，同时对所有社团定星级，其中未列到星级的社团将责令其停止活动，并限期进行整顿。

其中给予整顿的社团主要是指：活动范围和内容与社团宗旨、章程不符；不接受条例规定；财务制度混乱；应当进行定期注册而未注册；社团执行机构有严重违纪行为；连续两个月无日常活动；社团考核不合格的；社团连续一学期未进行活动；有其他应当进行整顿的情况。

（五）学生社团的经费管理

社团的经费使用本着"节约、高效"的原则，减少不合理开支，杜绝铺张浪费。社团活动所需经费以会员会费为主，经费使用应严格按照程序予以审批、报销。社团联合会账目定期送校团委审核。社团的财产不得侵占、私分或挪用，亦不得在成员中分配。社团接受捐赠、社会资助必须在社团联合会备案。学生社团在换届或者更换负责人前，由社团联合会对其财产进行审核。

社团资金审批、报销手续：填写立项表、活动详细策划书，报社团联合会活动管理部审批；经过审批同意的活动可以正常举办；活动结束后将活动相关材料交社团联合会；经审核无误后，填写资金报销表，发票凭据附于背面，1 周内给予报销并入账。有以下情况者不予报销或给予部分报销：活动材料不全者；活动结束后 1 周内未到财务部报销者；报销时有弄虚作假者；经费严重超支者；活动未达到预想效果等。

第三节　大学生青年志愿者活动与社会实践

一、大学生青年志愿者活动

（一）大学生青年志愿者活动概述

志愿者这一称谓，在国际上源自对战争的人道主义援助，和平时期在建立良好社会风气和人际关系、帮助弱者、保护环境、维护和平中得以发展壮大，成为人们道德水准的一种体现。

中国的青年志愿者活动源于 20 世纪 60 年代的"学雷锋"活动，在当时并没有明确提出"志愿者"这一称谓，但在各个时期开展的，如"希望工程""温暖工程""爱心行动"等活动，在形式和内容上已经与青年志愿者活动有许多共性。随着青年志愿者活动在高校内越来越多地开展，就出现了大学生青年志愿者。大学生青年志愿者是青年志愿者队伍中最活跃、最积极、最集中、最有影响力的一个群体，这个群体在政府和校方的支持下迅速蓬勃发展壮大。

大学生青年志愿者活动就是由具有一定思想觉悟、热心社会服务和公益事业的大学生，在学习空余时间，结合专业知识，向社会无偿提供服务的活动，倡导"无私奉献、友爱互助、共同进步"的精神。1993 年 12 月，为顺应历史和社会趋势的发展，共青团中央在立足中国国情的基础上，借鉴国际上好的经验和做法，实施了青年志愿者行动。1995 年，共青团中央发出"大学生青年志愿者社区援助活动"的号召，高校青年志愿者响应号召，走出校园，走进社区，服务社会，由此大学生青年志愿者活动向校外迅速扩展。中国青年志愿者行动的主要内容有：扶贫接力计划、社区发展计划、海外服务计划、保护母亲河行动、西部计划等。青年志愿者行动的实施，不但满足了社会的需求，帮助了贫困人群和贫困地区，也促进了包括人力资源在内的各类社会资源的合理化配置，促进了社会经济的协调发展，开辟了青年在实践中成长成才的新途径。广大青年也在志愿服务中认识了社会、提升了能力、发展了自我。

（二）大学生青年志愿者活动的时代意义

（1）大学生青年志愿者活动倡导的精神有利于促进全社会道德资源的增加。大学生青年志愿者活动倡导"奉献、友爱、互助、进步"的志愿者精神，这种精神是中华民族"助人为乐"的传统美德和"五四运动"的"爱国、进步、民主、科学"精神的有机结合。在当代社会主义市场经济蓬勃发展，注重竞争、效率、利益的时期，我们同样要注重公平、道义和爱心。这需要我们有一种精神的支撑，需要道德准则的规范，需要人与社会的协调。青年志愿者活动正是符合这样一种要求的精神载体，通过传播"服务他人、奉献社会"的道德观念，促进全社会道德资源的增长。

（2）大学生青年志愿者活动是新时期培育大学生的有效途径。大学生青年志愿者活动自身具有的特点有：第一，它能发挥大学生在活动中的主体作用，尊重大学生的内在需求；第二，它充分发挥了社会教育的作用，注重实践，能实现理论和实践的有机结合。育人的关键在于能否将理论知识内化为意识，行为是否能成为自觉的道德习惯。大学生青年志愿者活动是一种将理论付诸实践，将制约转化为自觉行为的有效方式。这些内在的特点符合育人的内在要求，将理论性和实践性有机结合在一起，成为新时期培育大学生的有效途径。

（3）大学生青年志愿者活动能启发大学生进行自我教育。当代大学生具有较强的主体意识，更崇尚自我激励和自我完善。当代大学生普遍存在生活经验不足，社会阅历不足，接触社会不足的情况，他们学到的理论并没有在实践中得到检验和引导，所以，仅仅依靠学校的课堂教学是远远不够的。大学生青年志愿者活动充分发挥了社会教育的作用，有利于帮助大学生克服自身缺点，让大学生在实践中提高文化修养，完善知识结构。同时，大学生青年志愿者活动能培养大学生拥有健康的身心和交往能力，为步入社会奠定基础。

（三）目前大学生青年志愿者活动存在的问题

大学生青年志愿者活动从实施到现在，已经在各方面取得了较大进步，为中国社会的进步作出了较大贡献。但是，在新的时代环境下，高校大学生青年志愿者工作仍然面临许多问题，其中比较紧迫的有以下几个方面：

（1）大学生青年志愿者活动只注重时效性，忽视了长效性。在开展大学生青年志愿者活动的过程中，许多高校只是为了活动而活动，只重视活动的具体开展，忽视了活动对大学生成长成才的影响。这种现象在许多高校内普遍存在，对志愿者在精神意识上的忽视导致了大学生青年志愿者活动不能持续有效地开展，这是高校大学生青年志愿者工作中最突出的问题。

（2）大学生青年志愿者组织缺乏充足的资金支持。目前，许多高校的大学生青年志愿者组织挂靠在学校团委，开展活动只能依靠学校的资金支持。由于学校的资金支持有限，导致一些活动难以开展。这个问题在维持志愿者组织的正常运作上也表现得十分突出，要解决这个问题需要建立更加完善、规范的社会资金运作机制。

（3）大学生青年志愿者培训工作急需加强。高校开展大学生青年志愿者工作，主要依托的是学生的专业学习背景，在遇到一些特殊的志愿服务活动时，需要动员相当人数的志愿者参与，这需要进行相关的岗前培训工作。目前的高校青年志愿者活动缺乏健全的培训机制，不能使大学生青年志愿者工作再上一个新的台阶，不能取得长足的进步。

（4）大学生青年志愿者工作在高校所获得的重视程度不高。当前，大多数高校对大学生青年志愿者工作的管理仍停留在学生课外活动的层面，没有将其放到学校整体办学方向和培养目标的大背景下来操作，没有意识到大学生青年志愿者工作和学校专业设置、课程开设的紧密关系，限制了大学生青年志愿者工作功能的发挥。

（四）高校团组织需把握好大学生青年志愿者工作的指导原则

1. 大学生青年志愿者工作首先要遵循教育的原则

在开展大学生青年志愿者工作的时候，我们首先必须坚持正确的政治方向。大学生青年志愿者工作是高校对大学生开展思想政治教育工作的重要途径，在思想政治教育工作中运用志愿者活动对大学生进行潜移默化的教育，使教育渗透到活动中，让学生主动接受、主动认识，并内化为意识，形成习惯。

2. 大学生青年志愿者工作必须遵循主体自主的原则

大学生青年志愿者活动的主体是大学生，在开展活动的时候，高校团组织要注意把握主体自主原则，由大学生独立自主地安排组织工作。要大胆放手，发挥学生的创造力和开拓精神，使大学生青年志愿者活动真正成为大学生自主管理的有效实践。高校团组织要从宏观上把握大学生青年志愿者活动，并在活动中给予恰当和正确的引导，努力提高大学生青年志愿者活动的层次。高校团组织要将大学生青年志愿者活动全面纳入团组织的整体工作中来，必须深刻认识到大学生青年志愿者活动对高校思想政治教育工作和青年成长成才的重要性。

（五）建立高校大学生青年志愿者活动的长效管理机制，促进大学生青年志愿者工作的健康持续发展

志愿者行动不是一种个体化的行动方式，而是组织化的行动模式；志愿者行动不是传统意义上的个人美德的单纯表现，而是个人美德在公共生活中的升华和展示。因此，志愿者行动只有在个人美德与组织推动之间找到平衡点，才能够获得充分的道德资源支持。大学生青年志愿者工作机制就是一整套关于大学生青年志愿者招募、培训、管理、奖励等方面的工作制度。通过这些工作制度的实施，能使广大学生在参加大学生青年志愿者的服务中，正确、有效、规范地服务社会，同时又能在服务的过程中得到认同与肯定，以实现自我教育和社会教育的有机结合。

（1）建立志愿者招募机制，多渠道招收志愿者。建立一支具有强烈责任感、有一定服务水平的大学生志愿者队伍，对于志愿者活动的开展是十分重要的，这是我们做好大学生志愿者工作的基础。完善的招募机制包括前期宣传、按招募要求面试录用、注册登记等。在招募的同时，应当尽量扩大志愿者的招募渠道，让更多具备一定专业知识、责任心强的学生参与到志愿服务的队伍中来。

（2）规范培训机制，尽量提供专业服务。大学生志愿服务活动引入培训机制是一种必然的要求，能促进大学生志愿者工作向高效、优质的方向发展。确定招募的志愿者后，必须根据相应的志愿服务工作对志愿者开展相关的岗前培训。大学生志愿者在培训的实践交流中，能进一步树立正确的服务理念，增强服务技巧和与人交流的能力，从而提高整个大学生志愿者服务队伍的综合能力。

（3）制订恰当的评价奖励机制，激发志愿者活动热情。评价奖励机制是对志愿者付出的一种肯定和回报，恰当的评价奖励机制可以促进高校志愿者工作的长效发展。高校志愿者工作的评价奖励机制的构建应该从评价内容和评价制度两个方面入手。评价内容主要从志愿服务开展过程中活动的社会效果和志愿者的收获方面考虑；评价制度就是建立规范、可行的综合评估体系，对参加志愿服务的小分队、个人定期开展考评活动，以评比促发展、以评比促进步，从而进一步完善服务标准、提高服务意识。

（4）完善服务保障机制，推动志愿者活动健康有序地发展。高校志愿者工作需要有一定的发展空间，需要得到各种有益力量的支持和帮助。大学生青年志愿者活动的保障机制主要有资金保障、党团组织的指导等。资金保障是大学生青年志愿者活动的基本保障，除了志愿者活动自身组织经费外，更要积极争取社会各界的力量，

包括社会募捐和义卖等形式；党团组织的指导是大学生青年志愿者活动的方向保障，高校党团组织应把握大学生参与志愿者活动的方向和原则，及时提供指导和帮助，提高大学生参与志愿服务的能力，培养全面发展的人才。

二、大学生社会实践活动

（一）大学生社会实践活动的定义

社会实践是指人类能动地改造自然和社会的全部活动。大学生社会实践活动从广义来讲是以大学生为主体的一种认识世界和改造世界的实践活动。

有学者认为大学生社会实践活动的理论依据主要是马克思关于社会实践的理论，包括马克思的实践论、教育与生产劳动相结合的理论，中国古代的力行教育理论以及西方的实践教育理论。在《20 世纪的中国高等教育：德育卷》一书中，编者把改革开放以来的大学生社会实践活动分为三个阶段：蓬勃兴起阶段（1980—1982 年）、组织规范阶段（1983—1992 年）、深化完善阶段（1993 年之后）。该书认为，深化完善阶段社会实践活动的成功在于合理安排和精心组织，社会实践活动必须建立和完善教育机制。

（二）开展大学生社会实践活动应遵循的主要原则

为了更好地贯彻"受教育，长才干，做贡献"的指导方针，高校在开展社会实践时，应遵循以下几项主要原则：

1. 同思想教育相结合

高校的任务是培养中国特色社会主义"四有"新人，以理想信念为核心，对大学生进行世界观、人生观、价值观教育；以爱国主义教育为重点，对大学生进行民族精神的教育，是思想政治教育工作的重要任务。有计划、有组织的社会实践活动，是思想政治教育的继续和延伸，是生动而真实的思想教育活动。每一次实践都会使大学生的思想认识得到升华和提高，为确立正确的世界观、人生观、价值观奠定了良好的基础，从而全面提高大学生的思想道德素质。大学生社会实践活动应当根据不同时期、不同年级、不同专业学生的思想特点和思想政治教育的要求，有针对性地确定社会实践的思想教育主题、内容和形式，使学生能够通过参加社会实践受到教育。

2. 同专业学习相结合

大学生结合本专业进行社会实践活动，从学校小课堂走向社会大课堂，从读有字的书到读无字的书，不仅有助于巩固所学专业知识，不断提高实际业务水平和专业技能，还能够开阔视野，在社会这个丰富、生动的课堂上学到许多书本上学不到的东西，不断调整自己的知识结构，增强向新的知识领域迈进的决心和勇气。因此，在社会实践过程中，需要做到以下三点：一是要根据不同专业、不同年级学生的专业特点和专业水平，精心安排社会实践的内容。二是要发挥专业课教师在社会实践中的指导作用，如带领学生推广学校的科研成果，指导学生为企事业单位承担生产技术课题等。三是尽可能地把社会实践同专业实习结合起来。如在专业实习中，根据需要和可能，适当安排社会实践的内容。

3. "双向受益"

所谓"双向受益"，是指社会实践不仅要使学校和学生受益，也要尽可能使活动接收单位受益。因此，在安排社会实践时，除了着重考虑实践内容对学生的思想教育、专业教育、能力提高等有益处，还应考虑地方和活动接收单位"两个文明"建设的需要，把社会实践同地方和活动接收单位"两个文明"建设的需要结合起来。让学生在服务中实现参与，在贡献中受到教育，真正实现学校为地方经济建设提供服务，地方为学校的人才培养提供基地，双方协调发展，共同进步。

4. "就近就便"

由于经费、交通、活动接收单位接待能力等方面的限制，社会实践应就近就便安排，这样既省时、省力，又便于开展活动。其主要内容包括：① 多数学生应回到家乡就近开展社会实践。② 集中组织的社会实践队伍应当精干，选择的活动地点、活动内容应与活动目的相一致。③ 学生在社会实践中，吃、住、行等应从简安排，不应增加接待单位的负担，削弱社会实践的效果。应当防止和杜绝以社会实践为名行观光旅游之实的风气。

（四）对开展暑期社会实践活动的建议

1. 要加强暑期社会实践的组织安排工作

社会实践活动的开展要想取得好的效果，必须在实践开始之初和整个过程中进行周密的组织和规划。因此，必须做到 4 个落实。

（1）组织落实。组织是效率的保证。高校要加强领导，成立社会实践领导小组，认真组织大学生社会实践活动，保证大学生社会实践取得预期目的，较为重要的一点，就是要建立一支具有丰富实践经验、思想素质好、能吃苦耐劳的社会实践指导队伍。

（2）资金落实。经费不足往往制约着社会实践的深入开展，目前来看单纯依靠某一方解决是不现实的，只有从多方面开拓渠道，寻求支持，注重实效，服务社会，才能使这一问题得到根本解决。目前的经费来源主要有以下几种：一是靠教育经费拨款，这一部分比较稳定，目前也是主渠道，但往往数量不足；二是争取社会资助，现在一些企业单位已在学校设立了奖学金、助学金等，如再与社会实践活动结合起来，可把单纯的学习激励，变成社会激励；三是社会实践收入，这部分比重很小，但颇具挖掘潜力，要求学生学以致用，可集中地、有选择地、有指导地做一些试点工作，与大学生勤工助学结合起来，逐步打开局面。资金的使用重在管理，要管好用好，形成制度，有重点地投入。在大学生社会实践活动经费方面，学校应拨出"大学生社会实践活动专项经费"用于社会实践活动，并积极联系社会，多渠道筹措大学生社会实践的活动经费，以确保大学生社会实践活动保质保量进行。

（3）时间落实。大学生社会实践要有稳定性和延续性，寒暑假是个好时机，但平时的一些教学也应与实践相结合，引导学生不断从理论和实践中寻找结合点，从书本走向现实、从校园走向社会。而且大多数实践的内容决定了其本身不是短期内能达到目的并体现其效益的。因此，要合理安排时间，做到有始有终，才能提高社会实践的质量。

（4）场所落实。社会实践基地是大学生社会实践的重要场所，是大学生走向社会、接触社会、了解社会、服务社会的桥梁。有计划地建立一批稳定的社会实践基地，是巩固发展社会实践的重要基础。建立相对稳定的社会实践基地，不仅有利于大学生在活动中接受教育、施展才华，还可以缓解高校普遍存在的社会实习难的矛盾。同时，它还可以促进协作单位、协作地区的经济文化发展，增加大学生社会实践的计划性，减少盲目性。本着"立足基层，就近就便"，"双向受益，合理布局，分类建设"等原则，在当地各级政府部门的支持下，选择领导重视，态度积极，对大学生社会实践活动的意义有充分认识的单位和地区，统筹工作，建立起一些设施齐全、态度热情的多功能基地，达到"双向受益"的目的。要做到长期与短期相结合，分散与集中相结合，重点和一般相结合，尽可能做到在任何地方实践，都应有所收益。

在大学生社会实践活动中，组织落实是保证，资金落实是前提，时间落实是条件，场所落实是基础。只有把它们有机地联系起来，营造一个良好的内外环境，才能把社会实践活动纳入社会系统的良性循环之中，建立起齐抓共管的社会保障体系，增强社会实践活动的活力与动力。

2. 社会实践活动的内容与形式需要创新和突破

形式单一、陈旧，内容单调、苍白，过程匆忙、走过场，效果不明显、无进展的社会实践，不能给学生足够的个性发展空间。许多高校组织的社会实践主要安排的是参观，而没有让学生真正地去体验生活。目前，大学生的社会实践中进行社会调查的占多数，家教、勤工助学等形式次之，与所学专业知识相联系的科技服务等实践活动很少。有的暑期实践活动仅仅局限于为社区平整草地、擦洗护栏、清理垃圾等简单劳动。尽管这些活动也能体现大学生的高尚情操及对生活、对家园的热爱，但如果形成这种框架，社会实践就会陷入不求实际价值的怪圈。

3. 学生参与面不能太狭窄

社会实践的参与面不够广，主要表现在参加社会实践的人数不够多。

目前的大学生社会实践活动，各高校主要采取"点面结合，以点带面"的方式。"点"是指由院系或者学校组织落实经费、人员、地点、内容的若干社会实践小分队的实践活动，也就是"精英实践"。这种实践模式是以高校的学生干部、学生党员、特长学生等为主体而开展的社会实践，是当前高校有组织实践活动中的一种主要组织模式。由于学校和地方各有关部门的重视，这一活动形式取得了较好的成效并总结出有益的经验，但参加的人数有限。"面"是指涉及全校学生的社会实践活动，学校一般仅进行宏观的管理和调控，即由学校党委及有关部门在放假前发文确定社会实践的主题及意义。同时，要求全校学生按照就近就便的原则参加社会实践，即"大众实践"。

在大力倡导素质教育，青年大学生对自身全面成长成才要求日益迫切的今天，"精英实践"组织模式正越来越多地暴露出它的局限性。其最为突出的问题是，只把实践机会集中在一部分骨干学生的身上，使本应是群众性的社会实践活动成为少数学生骨干参加的活动，忽视了广大普通学生的实践要求，忽视了普通学生的成才需要。重点轻面、重个别小分队的实践，忽视了广大普通学生的实践愿望；重短期效应、轻长期效应，表现在未来发展层面上就是"精英实践"的育人作用不能满足社会对青年大学生人才质量的普遍要求。教育应面向全体学生，"只有面向全体学生而不是少数学生，使他们的基本素质都得到普遍提高，使他们的特长和潜能都得到发展，使他们都能有适合自身的发展方式，才是符合21世纪要求的高质量和高水平的教育，才能达到提高整个中华民族素质的目的"。美国教育家布卢姆在《教育评价》一书中也认为，只有全体都发展了，方能挑选出少数高质量的英才，并发挥包括少数在内的整体效应。

4. 制度与机制要完善

正如任何一项教育行为的落实要以制度机制做保障一样，高校学生社会实践的开展，也应以完善的制度机制为前提，否则就会阻碍社会实践的发展。目前，有一些参加社会实践的大学生认为，"调查报告交上去也没人会看，只要拿到学分就可以了"。在学生当中之所以有这样的想法，很大程度上是因为学校缺乏相应的监督、制约机制和激励、奖励机制。因此，就出现了大学生在社会实践中抄袭调研报告的现象。另外，高校的社会实践都是由团委负责具体落实实施的，但像社会实践这样一种复杂的教育工作，仅靠团委的力量是难以完成的，必须要有学校职能部门如学生处、教务处等的共同参与指导，并制定出一整套科学的管理制度，使社会实践有章可循、有据可依。

5. 要确立一批稳定的社会实践基地

社会实践要真正使双方受益，则必须建立相对稳定的社会实践基地，那种一年换一个地方的形式是不可能真正解决问题的。不注重确立稳定的社会实践基地会造成严重后果。一方面，由于不注重"互惠互利、双向受益"，有些高校只考虑社会是否满足了教育的需要，学生是否得到了实际锻炼，计划是否得以顺利完成；而不考虑是否满足了社会的需要，是否给当地的"两个文明"建设作出了贡献，是否给群众带来了便利和实惠，一味地增加地方的负担，最终会失去大学生社会实践活动的外部支持。另一方面，由于大多数高校没有稳定的社会实践基地，大学生需要花大量精力四处奔波寻找社会实践场所，有的只好到父母所在单位混时间，开一张假证明，以应付学校的检查。

6. 要注意参加实践活动成员的安全

参与社会实践活动，是大学生走出校园走向社会的一次机会。外出活动会遇到很多问题，如住宿、吃饭、交通等。不管是走进社区开展活动，还是深入农村实践，都应该注意人身安全。为此，负责组织的老师和学生干部要把学生的安全始终放在重要位置，应该时刻绷紧这根弦，不能出任何的差错。

第四节　高校思想政治教育与校园文化建设的联动和融合

高校思想政治教育与校园文化建设联动机制是以二者共同发展为目的，凭借高校各部门之间相互合作、联合行动的运行方式，在实践中促进高校思想政治教育与校园文化建设形成优势互补、互利共赢的发展格局。

一、高校思想政治教育与校园文化建设存在的问题

（一）主流文化淡薄

随着我国经济不断增长，高校思想政治教育与校园文化建设受社会主流文化的影响，培养模式发生了转变。培养模式的转变带来了校园文化的改变，这体现在传统文化转变为通俗文化，并增加了功利主义色彩，导致大学生出现了思想意识、政治理念、价值取向上的混乱，减弱了学生对理想信念的坚持，弱化了学生对主流思想的重视度。

（二）网络安全意识弱化

网络在丰富大学生学习生活的同时，也给他们带来了许多消极的影响。大学生尚缺乏明辨是非的能力，思想偏激，而各种信息充斥网络世界，散播谣言，将会阻碍大学生的健康成长。针对当前的网络环境，应加强大学生意识形态研判，加深大学生对祖国传统文化和校园文化的了解，培养大学生爱国主义情操，鼓励大学生用理性的眼光来看待外来文化，形成取其精华，舍弃糟粕的正确态度。

二、高校思想政治教育与校园文化建设的联动关系

高校思想政治教育和校园文化建设两者之间存在着辩证的关系，既相互制约又相互促进。校园文化建设具有多元性，既能给大学生营造出良好的精神环境，也能给大学生的思想观念造成一定的冲击。怎样能让校园文化在外界冲击中进行创新，这需要思想政治教育的正确引导。高校思想政治教育与校园文化建设相互促进，校园文化活动作为高校思想政治教育工作的实施途径，有助于提高大学生的文化素养，丰富学生的校园生活。通过搭建思想政治教育为主题的校园文化教育平台，有效贴近大学生实际生活，增强思想政治教育的时效性，适应社会的发展需求。

三、高校思想政治教育与校园文化建设联动机制的设计原则

1. 科学性原则

科学性原则是评估指标应以科学态度进行，设计的指标是全面的、科学的，各项指标之间相互联系，而非随意设定。

2. 创新性原则

高校思想政治教育与校园文化建设联动机制的设计是一种创新，所以在设计过程中需要坚持创新性原则。

3. 持续性原则

持续性原则是指在高校思想政治教育与校园文化发展的过程中，由于外界的原因受到某种干扰，打乱原有的计划，应继续保持原有状态，减少受到外界的影响。

4. 动态性原则

根据不断变化的形式对校园活动、组织方式进行动态调整。动态性原则要求我们根据不同的情况科学规划，创新尝试，调整计划。

5. 阶段性原则

高校思想政治教育与校园文化建设不是一蹴而就的，不仅要实现自身的发展，还需要相互带动，不断完善。随着高校的不断发展，大学生的需求不断提高，思想政治教育与校园文化联动机制的实践过程也是一个从低层次向高层次逐渐过渡的过程。

四、高校思想政治教育与校园文化建设联动机制的设计

（一）内容上，突出高校思政工作的教育性，增强校园文化建设的育人功能

高校根据自己的实际办学情况，大力创建符合自身办学特色的校园文化。在教师方面，应大力开展立德树人教育；在学生方面，要树立榜样作用，引导学生树立正确的世界观、人生观和价值观。通过校团委及各学院团总支，加强对社团活动的管理和指导，从学生所关注的热点出发，加强对学生的思想政治教育。

（二）机制上，建立思想政治教育与校园文化建设的时效性

高校思想政治教育与校园文化建设不单单是部门之间的事情，它是一项系统性、全面性、长期性、复杂性的工程，需要学校各部门之间相互协作、共同完成。根据

高校思想政治教育的发展需求和校园文化建设的总体规划，做到高校思想政治教育与校园文化建设联动。

（三）载体上，搭建网络平台，提升校园文化建设

网络思想政治教育这个新阵地在高校校园文化建设过程中发挥着十分重要的作用。互联网时代的到来对高校校园文化的建设，是一把双刃剑，机遇与挑战并存。网络建设也存在一定的弊端，高校的思想政治教育工作充满挑战。学生日常时间被网络平台渲染，容易以讹传讹，夸大事实，宣泄不良情绪，在学生中造成不良影响，阻碍自己的健康发展。

五、校园文化建设与高校思想政治教育的融合途径

（一）从校园文化环境建设出发，促进高校思想政治教育开展

从校园文化建设出发，通过校园文化氛围中共同的思想意识和价值观念养成，能够发挥校园文化的思想政治教育功能，体现出其在高校思想政治教育中的重要作用，从而保证高校思想政治教育的顺利开展。校园的环境是首先映入人们眼帘的校园文化，并且具有潜在的感染力和影响力，能够潜移默化地影响大学生的思想观念和精神状态。"对大学生真正有价值的东西，是他周围的生活环境。"这就要求我们要从陶冶学生情操、培养大学生健康积极的思想出发，搞好校园文化环境建设，要在校园中树立思想健康、积极向上的校园文化硬件设施，这样才能利用校园文化无处不在的熏陶作用，促进高校思想政治教育的开展。

（二）坚持高校思想政治教育对校园文化建设的引导

校园文化建设是以思想政治教育工作为引导的。任何一所高校校园文化建设的方向，都不能脱离我国当前的人才教育目标，这就使得在校园文化建设中，必须时刻坚持思想政治教育的方向引导作用，坚持用正确的理论引导校园文化建设的方向。良好的校园文化不是自发形成的，而是靠教育者和受教育者共同努力建设而成的。

（三）以自由开放的校园文化精神为载体，提高思想政治教育的有效性

我们知道，一所高校的文化精神是其灵魂所在。一所大学能否在当今的社会中完成教书育人的使命，真正立足于中国甚至世界之林，开放和自由的校园文化精神，融会贯通的思想精神必不可少。因此，在研究高校校园文化建设与思想政治教育过程中，要注重校园文化精神的培养和建设，把民主自由、开放创新的文化精神渗透

到校园文化建设中去，一所大学也只有具备自由开放的校园文化精神，才能够一直走在时代的前锋，而且，一所大学的校园文化精神直接影响着大学生的优秀品格的形成，直接影响着一所高校思想政治教育的水平。民主、公正的大学校园氛围，对大学生形成优良的思想品德和行为素质具有重要作用。以自由开放的校园文化精神为载体，不仅能促使大学生优良品格的形成，更能够提高思想政治教育的实效性。只有形成了自由开放的校园文化精神和民主公正的风气，才能调动师生建设校园文化的积极性，从而使得校园文化健康发展，高校思想政治教育有序进行，进而提高思想政治教育的有效性。

（四）不断完善校园文化建设的内涵，保证高校思想政治教育全面展开

校园文化具有的思想政治教育功能毋庸置疑，只要身处校园之中，校园文化的导向与熏陶作用就会一直发挥着思想政治教育功能，可以说，校园文化一直在悄无声息地影响着大学生世界观、人生观以及价值观的形成与发展。而对于高校学生来讲，校园文化环境的熏陶作用也更加明显，这就要求高校应不断丰富校园文化建设的内涵。在校园文化建设中，除了重视校园基础设施建设和校园精神建设外，还应注重不断完善校园文化建设的内涵。例如，充分发挥网络在高校思想政治教育中的作用，利用新兴网络媒体全面推进高校思想政治教育工作。另外，注重校园自然环境与人文环境的结合，注重校园外部环境与校园文化精神的结合也颇为关键。

高校思想政治教育工作与校园文化建设是不可分割的，是相互作用的。校园文化建设离不开高校思想政治教育的方向引导，两者是相互影响、共同促进的。只有深入研究高校思想政治教育与校园文化之间的关系，重视校园文化建设，才能真正实现思想政治教育与校园文化建设的有机结合，从而提高思想政治教育的实效性。

参考文献

[1] 曹顺仙，薛桂波. 高校思想政治理论课 "一体化" 探究式教学模式的理论探索与实践创新 [M]. 北京：北京理工大学出版社，2014.

[2] 陈寿灿. 其精甚真：高校学生思想政治教育理论与实践 [M]. 杭州：浙江工商大学出版社，2015.

[3] 戴丽红. 当代大学生思想政治教育创新探索 [M]. 成都：电子科技大学出版社，2016.

[4] 丁海蒙. 校园文化与高校德育联动探究 [M]. 上海：立信会计出版社，2013.

[5] 傅进军. 高校思想政治教育的创新与发展 [M]. 杭州：浙江科学技术出版社，2006.

[6] 傅琴. 高校校园艺术文化研究 [M]. 武汉：中国地质大学出版社，2016.

[7] 郭广银，杨明等. 新时期高校校园文化建设的理论与实践 [M]. 南京：南京大学出版社，2007.

[8] 黄国辉，陈正学. 90 后大学生综合素质培养的探究与实践 高校校园文化建设与大学生思想政治教育的实效性研究 [M]. 广州：华南理工大学出版社，2011.

[9] 贾霄燕. 高校校园文化建设探索 [M]. 石家庄：河北人民出版社，2015.

[10] 刘雪峰. 高校思想政治教育与校园文化建设创新研究 [M]. 哈尔滨：黑龙江大学出版社，2014.

[11] 罗大玉. 高校思想政治教育研究 [M]. 成都：电子科技大学出版社，2013.

[12] 毛文璐. 高校思想政治教育与当代大学生政治社会化研究 [M]. 长春：吉林人民出版社，2016.

[13] 王红. 高校校园文化活动创新研究 [M]. 南昌：江西人民出版社，2012.

[14] 伍林生. 当代大学生思想政治教育工作热点问题透析 [M]. 成都：西南交通大学出版社，2016.

[15] 谢海光. 思想政治工作网站创新 [M]. 上海：复旦大学出版社，2006.

[16] 张钠. 大学生思想政治教育实践与探索 [M]. 成都：电子科技大学出版社，

2007.

　　[17] 赵康太. 新时期高校党的建设与思想政治教育理论探索 [M]. 北京：对外经济贸易大学出版社，2005.

　　[18] 周长春. 新形势下大学生思想政治教育探索 [M]. 北京：北京工业大学出版社，2005.

　　[19] 朱玉泉. 构建和谐校园与高校领导创新 [M]. 武汉：华中科技大学出版社，2008.